उजाले तुम्हारे हैं

(गीतिका संग्रह)

डॉ. सोनिया गुप्ता

समर्पण

परम पूज्य पिताश्री
श्री देवेन्द्र कुमार गुप्ता (गोलोकवासी)
को सादर समर्पित

गहनतम् ज्ञान जीवन का, तुम्हीं ने तो दिलाया था,
घिरी जब भी निराशा से, पिता तुमने हँसाया था |
मृदुल सा नेह बरसाकर, मुझे खुशियाँ हमेशा दी,
सभी ने साथ जब छोड़ा, तुम्हीं ने तो निभाया था |
'उजाले ये तुम्हारे हैं, सदा होंगे तुम्हारे ही',
तुम्हीं ने शब्द ये कहकर, तिमिर मन से मिटाया था |
समर्पित है तुम्हें पुस्तक, तुम्हारी याद में बाबुल,
भुलाऊँ किस तरह तुमने, मुझे जो भी सिखाया था |
कलम जो आज यह चलती, तुम्हारी प्रेरणा है सब,
किसी काबिल मुझे आखिर, तुम्हीं ने तो बनाया था |

क्रम-सूची

क्रम-सूची

क्रम-सूची

क्रम-सूची

क्रम-सूची

प्रस्तावना

मेरी कलम से

प्रिय मित्रो !

माँ वीणा वादिनी, परम पिता परमेश्वर, माता पिता और बड़ों के आशीष तथा छोटों के स्नेह फल स्वरूप, मैं एक बार फिर आप सभी के समक्ष उपस्थित हूँ अपना सप्तम व्यक्तिगत हिंदी काव्य संग्रह "उजाले तुम्हारे हैं" लेकर । इससे पूर्व मेरे छह व्यक्तिगत हिंदी संग्रह प्रकाशित हो चुके हैं, जिनमें से तीन ("ज़िंदगी गुलज़ार है","उम्मीद का दीया" और "कुछ अनकहे एहसास") कविताओं का संकलन हैं, एक ("कभी जलते कभी बुझते चिराग़") ग़ज़लों का संकलन है, एक (आदमी बने रहने का ढोंग) कहानी संग्रह है, और एक ("प्रकृति की गुनगुनाहट") मनका संग्रह है, जो कि हाल ही में प्रकाशित हुआ है ।

मेरा यह संग्रह "उजाले तुम्हारे हैं" काव्य की विधा 'गीतिका' पर आधारित है । इस गीतिका संग्रह में 100 गीतिकाओं का संकलन है, जिनका मुख्य आधार प्रेरणा, आशा और हिम्मत है । 'गीतिका' विधा का प्रचलन हिंदी साहित्य में पूरे विश्व स्तर पर हुआ है । वास्तव में उर्दू की ग़ज़ल का हिंदी स्वरूप 'गीतिका' है । गीतिका विभिन्न छंदों पर आधारित होती है ,जिनका अपना विधान और शिल्प होता है, जो कि साधारण शब्दों को मधुरिम लय और स्वर प्रदान कर एक सुरमयी नगमे का रूप प्रदान कर पाठक और

श्रोता के हृदय को स्पर्श कर जाते हैं |

यूँ तो मैं काव्य की अनेक विधाओं में लिखती हूँ, परन्तु गीतिका लेखन में मेरी एक विशेष रूचि रही है | मन में बहुत समय से इच्छा थी एक गीतिका संग्रह प्रकाशित करने की, और आज प्रभु इच्छा से उसका परिणाम आपके हाथों में है; मेरा यह प्रथम गीतिका संग्रह "उजाले तुम्हारे हैं" | इन गीतिकाओं में मैंने विभिन्न प्रकार के छंदों को आधार मानकर इनका सृजन किया है जैसे कि विजात, मधुमालती, मनोरम, विधाता, शक्ति, सिंधु, चौपाई, चौपई, प्रदीप, लावणी, शंकर, हंसगति इतियादि | पाठकों की सुविधा हेतु हर गीतिका के नीचे उसका आधार छंद और मापनी / मात्रा शिल्प भी अंकित किया है |

जीवन की इस भागदौड़ में आज इंसान इतना खो चुका है, कि सही मार्ग और दिशा मिल पाना कठिन सा लगता है | जीवन की उधेड़बुन में इंसान स्वयं को सिर्फ निराशाओं के तिमिर से घिरा हुआ महसूस करता है, जबकि वो यह सत्य भूल जाता है कि उजाला तो उसके खुद के पास है | मेरे पिताजी, आदरणीय श्री 'देवेन्द्र कुमार गुप्ता' जी, जो कि 20 अप्रैल 2019 को यह नश्वर संसार छोड़ श्री हरि के चरणों में शरण पा चुके हैं, वे अक्सर बचपन से हमें सकारात्मक शिक्षाएँ देते रहते थे | मुझे आज भी याद है, जब कभी भी मैं निराशा से घिर जाती थी, तो वे ऐसी सूक्तियाँ सुनाकर मुझे प्रेरित करते थे | एक दिन उन्होंने मुझसे कहा "बेटा, इधर उधर क्या झाँकना, उजाले तो तुम्हारे हैं, तुम्हारे पास हैं"| उस समय शायद इतनी समझ नहीं थी, इसलिए उन शब्दों का सही अर्थ समझ न सकी | पर जैसे-जैसे जीवन पथ पर अग्रसर होती रही, इन चंद शब्दों का महत्व गहराई से समझ आने लगा | अपने पापा की प्रेरणा और इन्हीं अनुभवों से प्रेरित होकर मैंनें इस गीतिका संग्रह का सृजन किया और इसका शीर्षक "उजाले तुम्हारे हैं" चुना | ये गीतिकाएँ जीवन के उतार-चढ़ावों में एक प्रेरणा बनकर पाठकों के हृदय में आशा, सकारात्मकता और हिम्मत का नवसंचार करने में सक्षम हैं, जिन्हें पढ़कर या सुनकर सभी को एक विशेष

अनुभूति का एहसास होगा और सच में महसूस होगा कि ये उजाले हमारे ही हैं, इन्हें पकड़ने की आवश्यकता नहीं | आशा है मेरा यह संग्रह भी मेरे पूर्व प्रकाशित संग्रहों की भाँति आप सभी को सराहनीय प्रतीत होगा |

इसी विश्वास के साथ आपकी
डॉ. सोनिया गुप्ता

भूमिका

रमानिवास तिवारी (सीतापुर, उत्तर प्रदेश, भारत)

सकारात्मकता और आशा से परिपूर्ण गीतिकाएँ

काव्य मन के भावों का सागर होता है, जिसके अन्तस् में डूबकर एक कवि / लेखक एक ऐसे चित्रण का सृजन करता है, जिसे अवलोकन कर के हृदय प्रफुल्लित हो उठता है | यूँ तो हिंदी साहित्य में अनेक विधाओं का समावेश है, परन्तु 'गीतिका' विधा का एक विशेष स्थान है | 'गीतिका' देखने में बहुत छोटा सा शब्द प्रतीत होता है, परन्तु इसका अर्थ बहुत गहन है | यह

अथाह सागर की तरह होती है, जिसमें भाव, शिल्प, संवेदना और सहजता का मनोहर स्वरूप होता है | गीतिका लेखन कोई आम या आसान कार्य नहीं, इसके लिए गूढ़ ज्ञान और निरंतर प्रयास की आवश्यकता होती है | मुखड़ा- युग्म और पूरक-युग्मों में सामन्जस्य और गीतिका के प्रत्येक युग्म स्वतंत्र एवं पूर्ण अर्थ देनें में सक्षम होते हैं | गीतिका लेखन में समान्त, पदान्त का समुचित निर्वहन, कर्ता क्रिया, कर्म विशेषण, रस अलंकार का समुचित समावेश, आदि की महत्वपूर्ण भूमिका होती है, जिन सभी तथ्यों से यह पुस्तक समीक्षा के आधार पर खरी उतरी है |

आज मेरे लिए अति हर्ष का पल है, जो मुझे सुप्रसिद्ध कवयित्री 'डॉ. सोनिया गुप्ता' जी द्वारा रचित इस गीतिका संग्रह 'उजाले तुम्हारे हैं' की भूमिका लिखने का सुअवसर प्राप्त हुआ | पेशे से दंत चिकित्सक 'डॉ. सोनिया गुप्ता' जी ने हिंदी साहित्य में एक विशेष पहचान बनाई है | अभी तक अपनी छह व्यक्तिगत पुस्तकें प्रकाशित करवा कर यह सातवीं पुस्तक लेकर ये साहित्य के सफर में निरंतर अग्रसर होती जा रही हैं | बहुमुखी प्रतिभा की धनी कवयित्री 'डॉ. सोनिया गुप्ता' काव्य की विभिन्न विधाओं में निपुणता रखती हैं | मैं इनकी रचनाओं को काफी लम्बे समय से पढ़ता आ रहा हूँ | इनकी रचनाओं की सबसे विशेष बात है, इनके द्वारा इस्तेमाल किये सरल-साधारण शब्द जो रचना में छिपे भाव को बड़ी सहजता से पाठकों के समक्ष रखने में सक्षम प्रतीत होते हैं |

गीतिका संग्रह 'उजाले तुम्हारे हैं 100 गीतिकाओं का संकलन है, जिनका मुख्य स्वर सकारात्मकता, आशा और साहस है | आजकल की उलझती हुई जीवन शैली में इंसान शायद खुद को ही भूल चुका है और निराशा, विवशता तथा निर्बलता के अंधकार में खो गया है | ये गीतिकाएँ उन सभी हारे हुए दिलों में पुन: एक नव आशा, साहस और उत्तेजना को जागृत करने में अहम भूमिका निभाती नजर आती हैं | 'डॉ. सोनिया गुप्ता' जी ने अपनी कलम द्वारा एक मधुर और प्रभावशाली संग्रह का सृजन किया है, इनकी यह साधना सराहनीय है | संग्रह में सम्मिलित गीतिकाएँ विभिन्न छन्दों

पर आधारित हैं, जिनका संक्षिप्त वर्णन मापनी/मात्रा के साथ हर गीतिका के बाद दिया गया है | छोटी मापनी से लेकर बड़ी मापनी तक की विविध रचनाएँ इस संग्रह की विशेष बात है | कुछ उदाहरण :

बड़ा प्यारा मिला जीवन |
हँसो सब साथ में मिलकर ||
(विजात छंद आधारित)

उजाले रहेंगे तुम्हारे सदा |
यही बात सबको बताएँ चलो ||
(शक्ति छंद आधारित)

जमाने से डरो तुम क्यूँ, डराएगा तुम्हें यह तो |
निडर होकर चलोगे तो, जमाने को डराओगे ||
(विधाता छंद आधारित)

ऐसे ही कवयित्री ने अनेक प्रकार के छंदों पर आधारित गीतिकाओं का सृजन किया है | इन गीतिकाओं को पढ़कर स्वयं अपने भीतर ही एक नव उत्साह का संचार होता नजर आता है | यथा -

वीर बहादुर लड़ते रहते, समझे अपना फर्ज सब |
फ़िक्र नहीं फिर उनको होती, क्या होना अंजाम है ||

भूमिका

हुई अगर गलतियाँ कभी भी |
सदा दिलाती हमें नसीहत ||

❧❧❧

कदम बस एक काफी है, बढ़ाने को निडरता का |
अडिग होकर चलोगे तो, सभी मुश्किल भगाओगे ||

❧❧❧

कुछ पंक्तियों के माध्यम से कवयित्री ने इंसान को इस जीवन के प्रति सचेत करने का भी प्रयास किया है- यथा

काया बनी मिट्टी जड़ी |
हो एक दिन इसका दहन ||

❧❧❧

बोलते हैं झूठ सब चेहरे यहां |
झाँकता है क्या भला तस्वीर में ||

❧❧❧

संक्षेप में मैं यही कहूँगा कि कवयित्री 'डॉ. सोनिया गुप्ता' द्वारा रचित यह गीतिका संग्रह 'उजाले तुम्हारे हैं' अत्यंत प्रशंशनीय है, जिसे पढ़कर निराश मन में आस की नव किरण प्रज्वल्लित होती है, और भीतर से यही आवाज़ आती है कि 'ये उजाले हमारे ही हैं, आओ इन्हें समेटकर रखें' | संग्रह की कुछ पंक्तियाँ इस सत्य का अवलोकन करवाती:

❧❧❧

उजालों को पकड़ने की, जरूरत क्या भला तुमको |
उजाले सब तुम्हारे हैं, इन्हें तुम साथ पाओगे ||

❧❧❧

तम छाया तो छाने दो, उजला फिर भी सारा जग |
मीत उजाले हम सबके, पास इन्हें रखते जाओ ||

❧❧❧

इन रचनाओं को पढ़कर ऐसा लगता है मानो कवयित्री ने जीवन के अनुभवों को गहराई से जीया है और अपनी कलम के माध्यम से कागज पर उतारकर, जीवन की गूढ़ सच्चाई पाठक के सामने रखने की चेष्टा की है | यह पुस्तक इन्होंने अपने परम् पूजनीय पिताश्री आदरणीय स्वर्गीय 'देवेंद्र कुमार गुप्ता' जी को समर्पित कर एक शालीनता का उदाहरण प्रस्तुत किया है | अन्यथा आजकल के बदले युग में इंसान अपने माता-पिता को ही स्मरण नहीं रखता | मैं व्यक्तिगत तौर पर कभी 'डॉ. सोनिया गुप्ता' से मिला नहीं, परन्तु इनसे अक्सर बात होती रहती है | इन्हें जितना भी अब तक जाना, यही पाया कि ये सुशील, विनम्र और सहज स्वभाव की इन्सान हैं, जो जीवन की विकट परिस्थितियों में भी कुछ प्रभावशाली कार्य करने का प्रयास करती हैं | कर्म क्षेत्र में चिकित्स्क होने के साथ साहित्य में लगन इनकी बहुमुखी प्रतिभा को दर्शाता है |

मैं कवयित्री 'डॉ. सोनिया गुप्ता' को इनके इस संग्रह के लिए हार्दिक शुभकामनाएं देता हूँ और आशा करता हूँ कि इनकी पूर्व प्रकाशित कृतियों की तरह इनका यह संग्रह भी पाठकों को बेहद पसंद आएगा |

❧❧❧

इन्हीं शुभकामनाओं के साथ:
रमानिवास तिवारी (कवि तथा साहित्यकार)

- **पता:** मकान नंबर 242/11 मो, ग्वालमण्डी (पंचवटी कालोनी उत्तरी) सीतापुर, उत्तर प्रदेश, भारत, पिन कोड-261001
- **मोबाइल :** 7007991783

आभार

कहते हैं कि हर इंसान की सफ़लता के पीछे किसी न किसी का प्रत्यक्ष या अप्रत्यक्ष रूप में सहयोग अवश्य होता है | और ऐसे व्यक्ति विशेष का शब्दों में आभार व्यक्त करना इतना सरल नहीं होता | परन्तु फिर भी इस छोटे से शब्द 'आभार' में गहरा भेद छिपा होता है | मैं पेशे से एक दंत चिकित्स्क हूँ, और मैंने स्वप्न में भी नहीं सोचा था कि एक दिन मुझे लेखिका/ कवयित्री बंनने का सौभाग्य भी प्राप्त होगा | मेरा यह साहित्यिक सफ़र बहुत अनोखा रहा जिसमें बहुत से लोगों का आशीष रहा |

सर्वप्रथम शब्दों और ज्ञान की देवी "माँ सरस्वती जी" का आभार, जिन्होंने मेरे साधारण से शब्दों को भावपूर्ण माला में पिरो दिया | कोटि कोटि नमन मेरे पूजनीय माता पिता को, जिन्होंने मुझे जन्म दिया और किसी योग्य बनाया | आज मेरे पिताश्री इस नश्वर संसार में जीवित नहीं,पर उनकी सिखाई हर सीख आज तक मुझे प्रेरणा देती है | मेरी माँ ने मेरे हर प्रतिकूल और अनुकूल समय में मेरा साथ दिया | प्रभु और माता पिता समान मेरे सभी शिक्षकों का हार्दिक आभार जिन्होंने मेरी पढ़ाई के साथ साथ मेरे हुनर को भी सराहा | उन सभी गुरुजनों का आभार, जिन्होंने मुझे साहित्य जगत में एक पहचान दी | मेरे प्रिय भ्राताओं, बहनों, दोस्तों और सभी हितैषियों का शुक्रिया, जिन्होंने मेरे हर छोटे बड़े कार्य को प्रोत्साहित किया |

मेरा विशेष आभार आदरणीय श्री 'रमानिवास तिवारी' जी का, जिन्होनें अपना कीमती समय निकालकर इन गीतिकाओं को पढ़कर मेरा मार्गदर्शन किया और इस गीतिका संग्रह की मनोहारी भूमिका भी लिखी | यह संग्रह इन्हीं की प्रेरणा स्वरूप सफ़ल हो पाया है, अन्यथा मैं तो शून्य मात्र हूँ |

आपके आशीष और प्रोत्साहन के लिए आपको मेरा नमन | आप ऐसे ही अनेक रचनाकारों को प्रेरित करते रहिये |

अपनी पुस्तक के प्रकाशन हेतु मैं प्रकाशक "नोशन प्रेस" की हार्दिक आभारी हूँ, जिन्होंने मुझे सम्पूर्ण सहयोग दिया |

अंत में, मैं उन सभी का आभार प्रकट करती हूँ जिन्होंने प्रत्यक्ष और अप्रत्यक्ष रूप से मेरा प्रोत्साहन किया। आशा करती हूँ कि मेरी यह पुस्तक भी मेरी पूर्व प्रकाशित पुस्तकों की भांति सभी पाठकों को पसंद आएगी और इसको पढ़ने के बाद आप सभी की मनका विधा के प्रति जागरूकता और बढ़ेगी |

डॉ. सोनिया गुप्ता

कवयित्री का परिचय

- <u>नाम</u>: डॉ. सोनिया गुप्ता
- <u>पिता का नाम</u>:श्री देवेंद्र कुमार गुप्ता (बैकुण्ठवासी)
- <u>माता का नाम</u>: निर्मल देवी
- <u>जन्म तिथि</u>: 8 नवम्बर 1982
- <u>शिक्षा</u>: बी. डी. एस , एम. डी. एस
- <u>व्यवसाय</u>: दंत चिकित्सक
- <u>भाषाएँ</u> : हिंदी, अंग्रेजी और पंजाबी
- <u>काव्य विधाएं</u> : कविता, कहानी, गीत, ग़ज़ल, गीतिका, दोहे, छंद, मुक्तक, वर्ण पिरामिड, मनका, क्षणिकाएँ आदि काव्य की विभिन्न विधाओं में सृजन

प्रकाशित व्यक्तिगत हिंदी संग्रह:

1. जिन्दगी गुलज़ार है (काव्य संग्रह) 2015
2. उम्मीद का दीया (काव्य संग्रह) 2015
3. कभी जलते कभी बुझते चिराग़ (ग़ज़ल संग्रह) 2022
4. कुछ अनकहे एहसास (काव्य संग्रह) 2022
5. आदमी बने रहने का ढोंग (कहानी संग्रह) 2022
6. प्रकृति की गुनगुनाहट (मनका संग्रह) 2022

प्रकाशित व्यक्तिगत अंग्रेजी संग्रह:

1. स्पेक्ट्रम ऑफ़ लाइफ (काव्य संग्रह) 2016
2. कैनवास ऑफ़ लाइफ,, विद माय पेन (काव्य संग्रह) 2016
3. मीटिंग माय सोलमेट (काव्य संग्रह) 2016
4. फॉउन्टेन ऑफ़ इन्स्पीरेशंस (काव्य संग्रह) 2016
5. साइलेंट वर्सिस (काव्य संग्रह) 2020
6. मिरेकल ऑफ़ वर्च्युस (काव्य संग्रह) 2020
7. मिस्टेरियस मुसिंग्स ऑफ़ लाइफ (काव्य संग्रह) 2020
8. एगोनी ऑफ़ लाइफ (काव्य संग्रह) 2020
9. देअर इस नो डार्कनेस (काव्य संग्रह) 2022
10. एक्रोस्टिक मोटिवेशन्स (काव्य संग्रह) 2022

प्रकाशित सांझा हिंदी संग्रह :

1. भारत की प्रतिभाशाली हिंदी कवियत्रियाँ (काव्य संग्रह) 2016
2. प्रेम काव्य सागर (काव्य संग्रह) 2016
3. अमलताश के शतदल (काव्य संग्रह) 2016
4. ढाई आखर प्रेम के (काव्य संग्रह) 2016
5. सम्यक (काव्य संग्रह) 2016
6. साहित्य सागर (काव्य संग्रह) 2016
7. विहग प्रीति के (काव्य संग्रह) 2016
8. दोहा कलश (दोहा संग्रह) 2017
9. आधी आबादी के दोहे (दोहा संग्रह) 2018
10. किसलय (काव्य संग्रह) 2018
11. चुनिन्दा लघुकथाएँ (लघु कथा संग्रह) 2018

प्रकाशित साँझा अंग्रेजी संग्रह :

राष्ट्रीय और अंतर्राष्ट्रीय स्तर पर 100 से भी अधिक साँझा संग्रहों में रचनाएँ प्रकाशित

हिंदी साहित्य में प्राप्त सम्मान:

1. नारी गौरव सम्मान, (जे ऍम डी प्रकाशन, दिल्ली) 2016
2. प्रेम सागर सम्मान, (जे ऍम डी प्रकाशन, दिल्ली) 2016
3. साहित्य गौरव सम्मान (युवा उत्कर्ष साहित्य मंच, दिल्ली) 2016
4. वूमेन ऑफ़ द इयर सम्मान (गहमर वेलफेयर सोसाइटी, गाजीपुर) 2016
5. युग सुरभि सम्मान (वोआएस प्रकाशन, जयपुर) 2016
6. हिंदी गौरव सम्मान (युवा उत्कर्ष साहित्य मंच, दिल्ली) 2017

7. काव्य रंगोली साहित्य भूषण सम्मान (काव्य रंगोली हिंदी साहित्य पत्रिका, खमरिया) 2017

8. मुक्तक लोक भूषण सम्मान (मुक्तक लोक मंच, लखनऊ) 2017

9. पिरामिड शत-धनुष सम्मान (वर्ण पिरामिड मंच, दिल्ली) 2017

10. छंद शिल्पी सम्मान (कवितालोक, लखनऊ) 2018

11. मुक्तक लोक प्रेयसी सम्मान (मुक्तक लोक मंच, लखनऊ) 2018

12. काव्यार्ष सम्मान (काव्यांचल, लखनऊ) 2018

13. काव्य गोहर सम्मान (काव्यांचल, लखनऊ) 2018

14. कलम का सिपाही सम्मान (अमलताश के शतदल समूह, गुरुग्राम) 2019

15. सरस्वती सम्मान (अमलताश के शतदल समूह, गुरुग्राम) 2019

16. काव्य श्री सम्मान (विश्व हिंदी रचनाकार मंच, दिल्ली) 2022

<u>अंग्रेजी साहित्य में प्राप्त सम्मान :</u>

1. सिल्वर मेडल (पोइटिक विश्व कप-1, नाइजीरिया) 2018

2. गोल्ड मेडल (पोइटिक विश्व कप-2, नाइजीरिया) 2018

3. प्रसन्न मेमोरियल अवार्ड (एशियाई लिटररी सोसाइटी, गुरुग्राम) 2018

4. विश्व स्तर पर पाँचवा रैंक (अंतर्राष्ट्रीय लेख प्रतियोगिता) 2018

5. वर्ल्ड पीस अवार्ड (वर्ल्ड पीस फर्म, अफ्रीका) 2019

<u>अन्य रूचियाँ :</u>

संगीत, गायिकी, चित्रकारी, सिलाई, बुनाई, कढ़ाई, कुकिंग

अन्य उपलब्धियाँ :

1. विश्व के अनेक कवियों और लेखकों की रचनाओं का अनुवाद हिंदी, अंग्रेजी और पंजाबी भाषा में |
2. राष्ट्रीय और अंतर्राष्ट्रीय पत्रिकाओं और समाचार पत्रों में रचनाएँ प्रकाशित |
3. हिंदी और अंग्रेजी की अनेकों काव्य गोष्ठियों में काव्य पाठ |
4. अंग्रेजी की काव्य पुस्तकों में स्वयं के बनाए स्केच और पेंटिंग्स शामिल हैं |
5. दंत विभाग से जुड़े कई आलेख राष्ट्रीय और अंतराष्ट्रीय स्तर पर प्रकाशित |

❧❧❧

- <u>पता</u>: #95/3, आदर्श नगर, डेरा बस्सी, जिला: मोहाली-पंजाब-140507, भारत
- <u>मोबाइल</u>: 6280420736
- <u>ई मेल</u>: drsoniagupta82@gmail.com, Sonia.4840@gmail.com
- <u>फेसबुक आई डी</u> :100004964983747@facebook.com
- <u>फेसबुक पेज</u> ; https://www.facebook.com/sonia4840/
- <u>ब्लॉग</u> : http://drsoniablogspot.blogspot.in/
- <u>यूट्यूब चैनल</u>: https://www.youtube.com/channel/UCKF2jM5P8VDjZ9fBZLBTRHA
- <u>इंस्टाग्राम आई डी</u>: https://instagram.com/gdrsonia?igshid=YmMyMTA2M2Y=

❧❧❧

ॐ सरस्वत्यै नमः

जय माँ वीणा वादिनी, नमन तुम्हें हर बार
अर्पित करती मैं तुम्हें, श्रद्धा सुमन अपार
ज्ञानस्वरूपा शारदे, दो अपना आशीष
साधारण से शब्द हैं, दे दो मधु आकार

उजाले तुम्हारे हैं

(गीतिका संग्रह)

डॉ. सोनिया गुप्ता

(पेपरबैक, प्रथम संस्करण, मार्च 2023)

1. बिना ही बात...

बिना ही बात रोएँ क्यूँ |
नयन अपने भिगोएँ क्यूँ ||

बुरे का फल बुरा ही हो |
बुरा फिर बीज बोएँ क्यूँ ||

अमन जब देश का खोए |
करे आराम सोएँ क्यूँ ||

गलत जो मार्ग दिखलाएँ |
सपन ऐसे सँजोएँ क्यूँ ||

घिनौना पाप है छलना |
बता यह पाप ढोएँ क्यूँ ||

बड़े अनमोल रिश्ते हैं |
करे संदेह खोएँ क्यूँ ||

न धुलती मैल निज मन की |
किसी का कीच धोएँ क्यूँ ||

आधार छंद: विजात
मापनी: 1222 1222

2. चलो सब साथ...

चलो सब साथ में मिलकर ।
बढ़ो सब साथ में मिलकर ॥

बड़ा प्यारा मिला जीवन ।
हँसो सब साथ में मिलकर ॥

किसी दुखियार की पीड़ा ।
सुनो सब साथ में मिलकर ॥

बनाया ईश ने हमको ।
रहो सब साथ में मिलकर ॥

भला कुछ काम जग में अब ।
करो सब साथ में मिलकर ॥

हरी का नाम श्रद्धा से ।
भजो सब साथ में मिलकर ॥

कहानी एक साहस की ।
लिखो सब साथ में मिलकर ॥

आधार छंद: विजात
मापनी: 1222 1222

3. पवन सबको बुलाती...

पवन सबको बुलाती है |
मधुर से गीत गाती है ||

कली खिलती हुई कोमल |
हृदय काँटे लगाती है |

उजाले संग जो होते |
निराशा भाग जाती है ||

रहे है मीन सागर में |
हमेशा मुस्कुराती है ||

झुकी सी वृक्ष की शाखा |
हमें झुकना सिखाती है ||

दिये की लौ जरा देखो |
किया वादा निभाती है ||

जगत लगता बड़ा अनुपम |
छटा इसकी सुहाती है ||

आधार छंद: विजात
मापनी: 1222 1222

4. अरे जिंदगी बस...

अरे जिंदगी बस सफर है |
चली जा रही यह डगर है ||

उजाले सदा संग तेरे |
उन्हें ढूंढता तू किधर है ||

नहीं कुछ मिले है डरे यूँ |
बुरा ही पड़े बस असर है ||

छिपी हिम्मतें हैं तुझी में |
रहे तू मगर बेखबर है ||

सभी चाहतें पूर्ण होंगी |
अरे पास तेरे हुनर है ||

तुझे देखना चाहते सब |
रहे ताकता हर शहर है ||

बड़ा खूबसूरत नजारा |
तुझे क्यूँ न आए नजर है ||

आधार छंद: वंसादर्धसोमराजी
मापनी: 122 122 122

5. नहीं किसी से...

नहीं किसी से करो शिकायत |
सदैव रब की करो इबादत ||

हृदय किसी का दुखा गयी जो |
करो न ऐसी कभी शरारत ||

नहीं वतन से बड़ा यहाँ कुछ |
करो न इससे जरा बगावत ||

हुई अगर गलतियाँ कभी भी |
सदा दिलाती हमें नसीहत ||

नयन सजाए जो ख्वाब अब तक |
उन्हें बनाओ हसीं हकीकत ||

रहें उजाले समीप सबके |
करो सदा ही इन्हें मुहब्बत ||

कभी किसी को नहीं रुलाना |
दुआ करो सब रहें सलामत ||

आधार छंद: वादिवयशोदा
मापनी: 12122 12122

6. बुझे दीप फिर...

बुझे दीप फिर से जलाएँ चलो |
तिमिर को जगत से मिटाएँ चलो ||

गए रूठ कितने करीबी यहाँ |
उन्हें आज मिलकर मनाएँ चलो ||

गमों में सदा डूबते जो रहें |
उन्हें आज फिर से हँसाएँ चलो ||

न पूरे हुए जो हमारे स्वप्न |
उन्हें नैन में फिर सजाएँ चलो ||

सदा जीतते जो करे ही कपट |
उन्हें प्रेम से अब हराएँ चलो ||

गए हार जो मुश्किलों से लड़े |
उन्हें आज फिर से उठाएँ चलो ||

उजाले रहेंगे तुम्हारे सदा |
यही बात सबको बताएँ चलो ||

आधार छंद: शक्ति
मापनी: 122 122 122 12

7. न बिन बात...

न बिन बात के यार रूठा करो |
कभी भी किसी से न शिकवा करो ||

उजाले सदा पास में ही रहें |
नहीं भागकर व्यर्थ पीछा करो ||

किसी को नहीं दे सको जो खुशी |
खुशी फिर किसी की न छीना करो ||

लगे झूठ कहना बड़ा ही सरल |
कभी शान से सत्य बोला करो ||

अमन खोजते हो भरी भीड़ में |
हृदय में कभी चैन ढूँढा करो ||

झुकाते सभी को सदा शीश तुम |
कभी प्रेम से ईश पूजा करो ||

गमों का सताया हुआ है जगत |
कभी दूसरी ओर देखा करो ||

आधार छंद: शक्ति
मापनी: 122 122 122 12

8. किसी का हृदय...

किसी का हृदय तुम दुखाना नहीं |
बिना बात उसको रुलाना नहीं ||

जिसे जानकर दूसरे रुष्ट हों |
कभी भेद ऐसा बताना नहीं ||

तुम्हें ले चले झूठ की राह जो |
कदम उस जगह तुम बढ़ाना नहीं ||

बनो और कुछ, सत्य है और कुछ |
कभी कर दिखावा लुभाना नहीं ||

किसी दूसरे के सदन को जला |
कभी धाम अपना सजाना नहीं ||

घुला जो जहर द्वेष का नीर में |
कभी ऐसे' जल में नहाना नहीं ||

जगत यह बना झूठ का आशियाँ |
कभी दिल यहाँ पर लगाना नहीं ||

आधार छंद: शक्ति
मापनी: 122 122 122 12

9. मनुज जो अडिग...

मनुज जो अडिग हो सदा ही खड़ा है |
वही मुश्किलों से हमेशा लड़ा है ||

खिला पुष्प जिस शाख पर देखते हम |
उसी डाल से फूल खुद ही झड़ा है ||

छिपाए हुए खोट भीतर मनुज तू |
गले हार मोती रतन से जड़ा है ||

करें क्या विधाता बता दो तुम्हीं अब |
तुम्हारे जगत में कपट ही बड़ा है ||

नहीं आस बाकी रही अब किसी से |
दया का यहां तो पतन चल पड़ा है ||

समय देख लो आ गया आज कैसा |
मनुज आज भी नफरतों में सड़ा है ||

अरे अब बता ईश से क्या कहें हम |
जमाना उसी ने बनाया कड़ा है ||

आधार छंद: भुजंगप्रयात
मापनी: 122 122 122 122

10. अनोखी सी बड़ी...

अनोखी सी बड़ी यह रात होती है |
तन्हाई में दिलों की बात होती है ||

निशा की कालिमा में है गगन चमके |
सितारों, चांद की बरसात होती है ||

मुहब्बत की सजे प्यारी कभी महफिल |
दिवानों के लिए सौगात होती है ||

शयन की गोद में सोते सभी जाकर |
नए से स्वप्न की शुरुवात होती है ||

उड़े हैं चमचमाते मस्त से जुगनू |
इन्हें तम में मिली अमलात होती है ||

वतन खातिर तिमिर में भी लड़ें योद्धा |
निडर सेना सदा तैनात होती है ||

कभी भी रात को तुम कोसना मत प्रिय |
निशा भी यह बड़ी आघात होती है ||

आधार छंद: सिंधु
मापनी: 1222 1222 1222

11. अगर हिम्मत धरी...

अगर हिम्मत धरी मन में, बहुत कुछ कर दिखाओगे |
असम्भव काम जो लगता, उसे सम्भव बनाओगे ||

हुआ क्या वक्त है मुश्किल, परीक्षा हर घड़ी होती |
करोगे जीत तुम हासिल, अगर साहस जुटाओगे ||

उजालों को पकड़ने की, जरूरत क्या भला तुमको |
उजाले सब तुम्हारे हैं, इन्हें तुम साथ पाओगे ||

भले सूनी लगें राहें, न साथी हो किसी पथ पर |
अगर खुद के बने साथी, अकेले पग बढ़ाओगे ||

पता तुमको नहीं यह सच, भला क्या कर सको हो तुम |
अगर हो हौंसला मन में, क्षितिज के पार जाओगे ||

कदम बस एक काफी है, बढ़ाने को निडरता का |
अडिग होकर चलोगे तो, सभी मुश्किल भगाओगे ||

जमाने से डरो तुम क्यूँ, डराएगा तुम्हें यह तो |
निडर होकर चलोगे तो, जमाने को डराओगे ||

आधार छंद: विधाता
मापनी: 1222 1222 1222 1222

12. कभी बर्बाद ऐ...

कभी बर्बाद ऐ बंदे, किसी का घर नहीं करना |
उसे उसके सदन से तुम, कभी बाहर नहीं करना ||

किसी के खून से तुम हाथ अपने रंग ये डालो |
कभी इलजाम ऐसा एक अपने सर नहीं करना ||

नहीं तुम पुष्प राहों में, किसी की जो बिछा सकते |
पगों नीचे किसी के फिर, कभी कंकर नहीं करना ||

न मन में छल कपट अपने, कभी रखना मनुज बिल्कुल |
चलाकर झूठ के तुम तीर दिल नश्तर नहीं करना ||

समझ जाना किसी के दर्द को तुम मान अपना ही |
अरे दिल को कभी भी एक तुम पत्थर नहीं करना ||

सुनहरा सा सफा होता, लिखा हो प्रेम ही जिसपर |
कभी बदनाम तुम वह प्रेम का आखर नहीं करना ||

सँभलकर तू सदा चलना, कहे रब भी मनुज से यह |
मुझे मजबूर इतना तू, बदलने पर नहीं करना ||

आधार छंद: विधाता
मापनी: 1222 1222 1222 1222

13. किरण बस एक...

किरण बस एक काफी है, उजाला भर फ़ैलाने को |
बहुत है एक ही दीपक, घना सा तम मिटाने को ||

उजाले पास हैं अपने, अँधेरा हो नहीं सकता |
दिलासा है यही काफी, निराशा सब भगाने को ||

विकारों से घिरा हो मन, किसी का भी बहुत चाहे |
सबक बस ज्ञान का काफी, उजागर मन बनाने को ||

कभी तो लौट आएगा, भटक जाए अगर कोई |
इशारा एक काफी है, सही रस्ता दिखाने को ||

सफर लम्बा लगे इस जिंदगी का, जानते हैं सब |
किसी का साथ काफी है, सफर सारा बिताने को ||

जरूरी यह नहीं धन धान रब को तुम करो अर्पण |
समर्पण भाव काफी है, चरण प्रभु के चढ़ाने को ||

सफलता मिल ही जाएगी, भले हों मुश्किलें अगणित |
कदम बस एक काफी है, निडरता का उठाने को ||

आधार छंद: विधाता
मापनी: 1222 1222 1222 1222

14. कली कोई किसी...

कली कोई किसी भी बाग में यूँ ही नहीं खिलती ।
नहीं जब तक किसी के हाथ की शोभा उसे मिलती ॥

जगत में मोल है हर चीज का समझो ज़रा इसको ।
मिले जो प्रेम की सूई, फ़टे रिश्ते सभी सिलती ॥

दिवाकर की किरण उससे करे है प्रेम बहुतेरा ।
शिकन कोई नहीं उसको, रहे वह ताप में चिलती ॥

न कर अभिमान इस तन पर, मृदा का यह बना पिंजर ।
गुजरते वक्त के चलते, त्वचा सारी रहे ढिलती ॥

नहीं तब तक किसी के दर्द का अहसास होता है ।
खुदी के हाथ की ऊँगली नहीं है जब तलक छिलती ।

नहीं अहसान माता का, कभी भी तुम चुका सकते ।
भुलाकर दर्द सब अपने, सदा ही है रहे पिलती ॥

बिना भय जो, सदा आगे कदम अपने बढ़ाते हैं ।
उन्हें देखे, शिलाएँ भी सदा हैं मार्ग से हिलती ॥

आधार छंद: विधाता
मापनी: 1222 1222 1222 1222

15. सफलता यूँ नहीं...

सफलता यूँ नहीं मिलती, किसी को भी ज़माने में |
परिश्रम है करे पड़ना, सफल जीवन बनाने में ||

बड़ी सुंदर लगे महफिल, सभी को ही यहाँ सजती |
समय लेकिन बहुत लगता, वही महफ़िल सजाने में ||

खिला उद्यान हर दिल को बड़ा रहता लुभाता है |
मगर श्रम ढेर है लगता, नए पौधे उगाने में ||

कहाती ज्ञान की गंगा, किताबें जो पढ़ें हम सब |
लगे दिन रात का श्रम मूक ये आखर जुड़ाने में ||

खड़ी ये मंजिलें ऊँची, छुएँ आकाश को जाकर |
करे मजदूर श्रम कितना, इन्हें ऊँचा उठाने में ||

मिलें वरदान देवों से, मुनी ऋषियों को' कितने ही |
बरस कितने लगें लेकिन, लिए वे प्रण निभाने में ||

लगे स्वादिष्ट सा भोजन, अगर कोई चखे उसको |
मगर जी जान लग जाती, वही खाना पकाने में ||

आधार छंद: विधाता
मापनी: 1222 1222 1222 1222

16. बनाना है अगर...

बनाना है अगर घर तो, किसी दिल में बना बंदे |
समाना है अगर तुझको, किसी दिल में समा बंदे ||

नहीं बनते सदन ये ईंट पत्थर से कभी कोई |
सजाना है अगर घर तो, मधुरता से सजा बंदे ||

भला क्यूँ जी रहा है शान झूठी सी लिए हर पल |
कभी सच राह पर भी तू कदम अपने बढ़ा बंदे ||

कहाँ इंसानियत खोई, हुआ क्या है तुझे आखिर |
सदन खुद का बनाने को न घर दूजा जला बंदे ||

सभी अपने लिए तो जिंदगी यह जी ही लेते हैं |
कभी दूजों के खातिर भी जरा जी कर दिखा बंदे ||

हमेशा चाहता है तू, रहे उजला सदन तेरा |
हृदय में फिर उजाले को सदा अपने बसा बंदे ||

बड़ा दुर्लभ मिला जीवन, तुझे मालूम है यह सच |
करे दुष्कर्म ही हर पल, नहीं इसको गँवा बंदे ||

आधार छंद: विधाता
मापनी: 1222 1222 1222 1222

17. जिन्हें खुद पर...

जिन्हें खुद पर भरोसा हो, उन्हें खुद के सहारे हैं |
मिलें फिर नाव को उनकी, हमेशा ही किनारे हैं ||

जिन्हें हर चीज में भगवान का ही अंश है दिखता |
उन्हें उजड़े चमन में भी दिखें सुंदर नजारे हैं ||

लगन से कर्म जो अपना करें दिन रात ही रहते |
चमकते एक दिन फिर भाग्य के उनके सितारे हैं ||

बड़े अनजान हैं वे सब, उजाले ढूंढते हैं जो |
उन्हें मालूम भी है सच, उजाले तो हमारे हैं ||

विधाता क्या कहे हमसे, समझते हम नहीं हरगिज़ |
दिए उसने सभी को हर समय कितने इशारे हैं ||

बहारें हर तरफ छाई खुशी की इस जगत में अब |
लगे ज्यूँ हो गए गम दूर सबके आज सारे हैं ||

नहीं बनता किसी भी हाल में उनका सफल जीवन |
बुजुर्गों के जिन्होनें बोल बोले सब नकारे हैं ||

आधार छंद: विधाता
मापनी: 1222 1222 1222 1222

18. साफ नीयत हो...

साफ नीयत हो हमारी |
भाव हों कल्याणकारी ||

फर्ज अपना सब निभाएं |
छोड़ चिंता आज सारी ||

झोलियाँ सबकी भरी हों |
हो नहीं कोई भिखारी ||

गम किसी को हो न बिल्कुल |
खुश रहें सब नर व नारी ||

सत्य ही बोलो हमेशा |
झूठ की फेकों पिटारी ||

मुश्किलों से मत डरो तुम |
मात उनको दो करारी ||

कर्म अच्छे ही कमाओ |
पार नैया हो तुम्हारी ||

आधार छंद: मनोरम
मापनी: 2122 2122

19. आज रोशन हो...

आज रोशन हो सवेरा |
दूर हो जाए अँधेरा ||

सुखमयी संसार अब हो |
दर्द का हो खत्म घेरा ||

सब रहें मिल जुल जगत में |
हो न तेरा और मेरा ||

आँगना महके सुमन सम |
बस खुशी का डाल डेरा ||

कष्ट सबको जो दिलाए |
काश वह आए न बेरा ||

द्वेष नफरत मिट चलें सब |
नेह का बस हो बसेरा ||

झूठ का सब मोह त्यागें |
खत्म हो यह मिथ्य फेरा ||

आधार छंद: मनोरम
मापनी: 2122 2122

20. गीत फिर से...

गीत फिर से गुनगुनाएगा |
झूमकर दिल चहचहाएगा ||

निर्झरी सी जिंदगी में फिर |
पुष्प प्यारा खिलखिलाएगा ||

भूल जा तू दर्द सब अपने |
एक दिन तू मुस्कुराएगा ||

डर रहा है क्यूँ तिमिर से तू |
कल उजाला जगमगाएगा ||

जो किया है वायदा अब तक |
वह सदा ही तू निभाएगा ||

सब करेंगे याद बस तुझको |
तू जगत में खूब छाएगा ||

बस भरोसा रख जरा खुद पर |
काम तू सब कर दिखाएगा ||

आधार छंद: मनोरमगा
मापनी: 2122 2122 2

21. तू मान ले...

तू मान ले मेरा कहन |
क्यूँ कर रहा इतना सहन ||

परवाह मत कर तू अधिक |
जो दिल करे वह सब पहन ||

सच है भला क्या जान ले |
कर ध्यान तू जाकर गहन ||

काया बनी मिट्टी जड़ी |
हो एक दिन इसका दहन ||

कोई नहीं अपना यहाँ |
भाई भले या हो बहन ||

दीपक जला ले प्रेम का |
नफरत भरा मत रख जहन ||

उजली किरण तो साथ है |
तू पास उसको दे रहन ||

आधार छंद: मधुमालती
मापनी: 2212 2212

22. सम्बन्ध प्यारे जोड़िये...

सम्बन्ध प्यारे जोड़िये |
वाणी मधुर ही बोलिये ||

अनमोल हैं रिश्ते सभी |
इनको न ऐसे खोइये ||

अवसर सुनहरा रोज है |
मंजिल नई सी खोजिये ||

मधु प्रेम का दीपक जला |
दिल में जरा सा देखिये ||

खुशियों भरा हो यह जगत |
मन में यही बस सोचिये ||

सुख दुख यहाँ आते रहें |
आपस में मिलकर बाँटिये ||

वैसा सदा परिणाम हो |
जो कर्म तुमने है किये ||

आधार छंद: मधुमालती
मापनी: 2212 2212

23. मुश्किल पड़े तू...

मुश्किल पड़े तू मत दहल |
करना सदा खुद ही पहल ||

तूने परिश्रम जो किया |
होगा खड़ा तेरा महल ||

बस लक्ष्य अपना साध ले |
सब कुछ बनेगा फिर सहल ||

कुछ काम अब कर ले मनुज |
बेकार ही बस मत टहल ||

झूठी बनी सब शान है |
इसकी हवा में मत बहल ||

क्यूँ घुट रहा है रोज ही |
भीतर मची कैसी कहल ||

उजली किरण अति पास है |
मदमस्त होकर तू चहल ||

आधार छंद: मधुमालती
मापनी: 2212 2212

24. मन में जगा...

मन में जगा ऐसी लगन |
बस काम में हो जा मगन ||

मत हौंसले दे टूटने |
तू छू सके ऊँचा गगन ||

ऐसे दिखा कर के कर्म |
हो पाक सा तेरा फगन ||

बेटी विदा जब हो चली |
देना उसे दिल से शगन ||

प्रभु नाम सुमिरन कर सदा |
घर में करा अपने यगन ||

मन से मिटा दे आज सब |
नफरत भरी जलती अगन ||

तू ज्योति बस विश्वास की |
देना सदा भीतर जगन ||

आधार छंद: मधुमालती
मापनी: 2212 2212

25. बढ़ते रहो तुम...

बढ़ते रहो, तुम मत थको ।
हर मार्ग पर, चलते चलो ।

तुम जीत की गाथा मनुज ।
खुद आप ही जाकर लिखो ॥

होना नहीं, सच से विमुख ।
बस झूठ को हर पल तजो ॥

जो हो रहा, सब ठीक है ।
बेकार चिंता मत करो ॥

कड़वे वचन बोलो नहीं ।
तुम बोल मीठे ही कहो ॥

शातिर लगे सारा जगत ।
चालाक थोड़ा सा बनो ॥

काँटे भले पथ पर मिलें ।
इक फूल के सम ही हँसो ॥

आधार छंद: मधुमालती
मापनी: 2212 2212

26. बेवजह आंसू बहाना...

बेवजह आंसू बहाना छोड़ दे |
दर्द दुनिया को दिखाना छोड़ दे ||

जो नहीं तेरा, कभी होगा नहीं |
गैर को अपना बताना छोड़ दे ||

चंद दिन की चांदनी है झूठ तो |
ख्वाब तू झूठे सजाना छोड़ दे ||

ये उजाले संग हैं तेरे सदा |
घोर अँधियारा बसाना छोड़ दे ||

जिंदगी की यह डगर छोटी बहुत |
गीत गम के गुनगुनाना छोड़ दे ||

प्यार से दुनिया सजा सबकी मनुज |
दीप नफरत के जलाना छोड़ दे ||

कौन है अपना कहें जिसको यहाँ |
आस दूजों से लगाना छोड़ दे ||

आधार छंद: आनंदवर्धक
मापनी: 2122 2122 212

27. सादगी दिल में...

सादगी दिल में बसाकर देखिये |
जिंदगी सादी बिताकर देखिये ||

नीर सादा सा लगे अमृत मृदुल |
प्यास अधरों की बुझाकर देखिये ||

गोद माँ की सादगी से है भरी |
नेह में इसके समाकर देखिये ||

पृष्ठ पुस्तक के लगें सादे बहुत |
गूढ़ लेकिन ज्ञान पाकर देखिये ||

संत ज्ञानी घूमते सादे सदा |
क्या दिलाते सीख जाकर देखिये ||

पुष्प उपवन के लगें सादे हमें |
सेज प्यारी सी सजाकर देखिये ||

सादगी अनमोल सी सौगात है |
बस इसे अपना बनाकर देखिये ||

आधार छंद: आनंदवर्धक
मापनी: 2122 2122 212

28. आज प्रिय अपनी...

आज प्रिय अपनी कहानी तुम लिखो ।
बात जो लगती सयानी तुम लिखो ॥

मिल सके जिससे तुम्हें पल भर सुकूँ ।
नाम ऐसी जिंदगानी तुम लिखो ॥

वक्त कैसा ही भले आये यहाँ ।
सत्य की ही बस जुबानी तुम लिखो ॥

खूबसूरत सी लगे हर चीज ही ।
'शूल' को भी रात रानी तुम लिखो ॥

मुश्किलों का सामना करते हुए ।
राह कैसे है बनानी, तुम लिखो ॥

जी रहे घुट-घुट भला क्यूँ अब तलक ।
बात जो भी है बतानी, तुम लिखो ॥

मौत के भी बाद जग देखे तुम्हें ।
आखिरी ऐसी निशानी तुम लिखो ॥

आधार छंद: आनंदवर्धक
मापनी: 2122 2122 212

29. क्या करेगा धन...

क्या करेगा धन यहां तू जोड़कर |
एक दिन जाना जगत यह छोड़कर ||

रख सदा सम्भालकर रिश्ते मिले |
जी सकेगा तू न इनको तोड़कर ||

जिंदगी तेरी बनेगी खुशनुमां |
देख तो खुद को जरा सा मोड़कर ||

खेल किस्मत के सभी होते मनुज |
रो रहा क्यूँ माथ अपना फोड़कर ||

हर्ष से जी ले मिला हर एक पल |
जी न खुद को दर्द में झिंझोड़कर ||

ये उजाले तो सदा हैं संग ही |
यूँ कभी मिलते न पीछे दौड़कर ||

ख्वाहिशें पूरी सभी होती नहीं |
ख्वाहिशों की यूँ नहीं तू होड़ कर ||

आधार छंद: आनंदवर्धक
मापनी: 2122 2122 212

30. वह मिले जो...

वह मिले जो भी लिखा तकदीर में |
ढूंढता क्या मंदिरों औ पीर में ||

बोलते हैं झूठ सब चेहरे यहां |
झाँकता है क्या भला तस्वीर में ||

चाहते आजाद रहना लोग सब |
कौन बँधना चाहता जंजीर में ||

आचरण तेरा तनिक अच्छा नहीं |
क्या कमाई है करी जागीर में ||

नीर अमृत के समां होता पुनित |
क्यूँ रहा है घोल विष तू नीर में ||

प्यार तो दिल के झरोखे में बसा |
खोजता क्या आज रांझे हीर में ||

तीर नदिया का भरा हो पंक से |
पुष्प खिलते हैं उसी ही तीर में ||

आधार छंद: आनंदवर्धक
मापनी: 2122 2122 212

31. जी रहे हो...

जी रहे हो क्यूँ धरे लाचारियाँ |
मन दुखाती हैं सदा दुश्वारियाँ ||

सीख लो जीना इन्हें तुम देखकर |
कंटकों के संग खिलती क्यारियाँ ||

प्रेम की ही भावना दिल में रहे |
क्या मिले तुमको चलाकर आरियाँ ||

मुस्कुराहट बाँटते सबको रहो |
दर्द की हैं गूँजती किलकारियाँ ||

द्वेष झगड़े से न मिलता कुछ कभी |
काम आती सिर्फ साँझेदारियाँ ||

छोड़ दो बेकार चिंता तुम मनुज |
दूर होंगी खुदबखुद बीमारियाँ ||

कामना दिल में यही बस हो सदा |
खुश रहें जग में सभी नर नारियाँ ||

आधार छंद: आनंदवर्धक
मापनी: 2122 2122 212

32. कौन है जिसको...

कौन है जिसको तनिक भी गम नहीं है |
कौन है वह आँख जिसकी नम नहीं है ||

जख्म तो आसान है देना किसी को |
प्रेम से बढ़कर मगर मरहम नहीं है ||

नित्य परिश्रम है पड़े करना लगन से |
यूँ सफलता का मिले परचम नहीं है ||

जानता जो दूसरों को ठेस देना |
वह किसी का बन सका हमदम नहीं है ||

तोलना खुद को किसी से मत जगत में |
आदमी कोई किसी से कम नहीं है ||

माँ-पिता की कद्र हर पल ही करो तुम |
तोहफा इन सा कोई अनुपम नहीं है ||

इन उजालों को सदा समझो निकट ही |
फिर लगेगा हाँ जगत में तम नहीं है ||

आधार छंद: सादर्धमनोरम
मापनी: 2122 2122 2122

33. काम में खुद...

काम में खुद को करो मगरूर हर पल |
उलझनों से तुम रहो बस दूर हर पल ||

मत भरोसा दूसरों पर यूँ करो तुम |
टूट जाए तो करेगा चूर हर पल ||

बेबसी अपनी दिखानी क्यों पड़े है |
क्यों जिये जाते हुए मजबूर हर पल ||

जीत को अपनी करो खुद ही सुनिश्चित |
खुदबखुद ही तुम बनो मशहूर हर पल ||

हर समय हँसते रहो तुम जिंदगी में |
मुस्कुराहट का फैलाओ नूर हर पल ||

प्रार्थना जो दूसरों के ही लिए हो |
है दुआ होती रहे मंजूर हर पल ||

माँ-पिता सा दूसरा जग में न कोई |
माथ चरणों की लगाओ धूर हर पल ||

आधार छंद: सार्धमनोरम
मापनी: 2122 2122 2122

34. दर्द को भी...

दर्द को भी तुम तुम्हारा ही समझना ।
जो मिला है वक्त, प्यारा ही समझना ॥

जो तुम्हें आगाह करता ही रहे है ।
ईश्वर का तुम इशारा ही समझना ॥

हौंसलो से पार होती नाव लाजिम ।
दूर कितना तुम किनारा ही समझना ॥

तन मिला है काम करने के लिए यह ।
मत इसे बस तुम खटारा ही समझना ॥

हो भले बंजर धरा हर ओर दिखती ।
खूबसूरत सा नजारा ही समझना ॥

रत्न मोती भी मिलें हैं बीच सिंधु ।
मत महज तुम नीर खारा ही समझना ।

ये उजाले मीत सच्चे हैं हमारे ।
इन उजालों को हमारा ही समझना ॥

आधार छंदः सादर्धमनोरम
मापनी: 2122 2122 2122

35. आदमी हर प्यार...

आदमी हर प्यार पाना चाहता है |
वह खुशी हर बार पाना चाहता है ||

चाह हर कोई करे हो दूर दुख से|
सुख भरा संसार पाना चाहता है ||

एक यौद्धा की तम्मना खूबसूरत |
वह तिरंगा हार पाना चाहता है ||

जिंदगी के इस सफर में हर मुसाफिर |
नाव अपनी पार पाना चाहता है ||

भक्त की कुछ और अभिलाषा न रहती |
ईश का ही द्वार पाना चाहता है ||

नैन भी कितना गजब सा है बनाया |
हर सपन साकार पाना चाहता है ||

काम कोई भी न करता स्वार्थ के बिन |
सर्वदा आभार पाना चाहता है ||

आधार छंद: सार्धमनोरम
मापनी: 2122 2122 2122

36. भूलकर गम मुस्कुराना...

भूलकर गम मुस्कुराना सीख ले तू ।
फूल बनकर खिलखिलाना सीख ले तू ॥

ठोकरें तुझको लगी चाहे बहुत सी ।
पग सदा आगे बढ़ाना सीख ले तू ॥

ख्वाहिशें तेरी भले पूरी नहीं हों ।
ख्वाब आँखों में सजाना सीख ले तू ॥

ये उजाले तो सदा ही संग तेरे ।
बस इन्हें अपना बनाना सीख ले तू ॥

वायदा करके सभी जाते यहाँ पर ।
वायदा पर हर निभाना सीख ले तू ॥

जिंदगी अनमोल है तुझको मिली जो ।
कर्म नेकी के कमाना सीख ले तू ॥

उस विधाता ने तुझे खुद है बनाया ।
शीश बस उसको झुकाना सीख ले तू ॥

आधार छंद: सादर्धमनोरम
मापनी: 2122 2122 2122

37. बेसहारों का कभी...

बेसहारों का कभी तुम ख्याल करना |
गम के' मारों का कभी तुम ख्याल करना ||

निझेरी होकर बहारें जो चली हैं |
उन बहारों का कभी तुम ख्याल करना ||

पंक से रहते भरे हैं जो किनारे |
उन किनारों का कभी तुम ख्याल करना ||

खुद तुम्हें चिंता रहे खुद की बहुत ही |
यार, यारों का कभी तुम ख्याल करना ||

दूर से आए चले जो कर सफर तय |
घुड़सवारों का कभी तुम ख्याल करना ||

रोशनी में तो चमकता है दिवाकर |
उन सितारों का कभी तुम ख्याल करना ||

जो सदा पुलकित करें सबके हृदय को |
मधु नजारों का कभी तुम ख्याल करना ||

आधार छंद: साद्र्धमनोरम
मापनी: 2122 2122 2122

38. मन में भरा...

मन में भरा उल्लास होना चाहिए |
अनुभव सदा कुछ खास होना चाहिए ||

चाहे निराशा घेर ले आकर हमें |
पर हौंसला अति पास होना चाहिए ||

सबको खुशी देते रहो दिल से सदा |
लेकिन नहीं उपहास होना चाहिए ||

दीपक जलाओ प्रेम का अपने हृदय |
बस नफ़रतों का नास होना चाहिए ||

गलती हुई जो भी न हो फिर से यहां |
इस बात का अहसास होना चाहिए ||

अपने कदम जाएँ नहीं दुष्मार्ग पर |
हर रोज यह अभ्यास होना चाहिए ||

ये धड़कनें जब तक हमारी चल रही
दिल में हरी का वास होना चाहिए ||

आधार छन्द: सार्धसरस
मापनी: 2212 2212 2212

39. चलती रहें बेशक...

चलती रहें बेशक यहाँ पर आँधियाँ |
होने नहीं देंगे तनिक हम हानियाँ ||

बंजर भले हो आज सारा ही जगत |
विश्वास है फिर से खिलेंगी वादियाँ ||

आगाज हम सच का करेंगे हर तरफ |
अब खत्म होंगी झूठ की सब शोखियाँ ||

लहरें चली आएं भले ही तीव्र वे |
हम डूबने देंगे नहीं ये कश्तियाँ ||

सब खेल धोखे का करेंगे दफ़्न हम |
रिश्वत लदी होंगी नहीं अब बोरियाँ ||

अन्याय की आवाज होगी बंद अब |
उन बेगुनाहों को न होंगी फाँसियाँ ||

अँधियार अब होने नहीं देंगे कभी |
बिखरी रहेंगी हर घड़ी ही रश्मियाँ ||

आधार छन्द: सार्धसरस
मापनी: 2212 2212 2212

40. दिल में रखना...

दिल में रखना सदा एक ख्वाहिश मनुज |
ईश की हो यहाँ पर रिहाइश मनुज ||

पग कभी भी न जाएं गलत राह पर |
बस करो एक इतनी गुजारिश मनुज ||

छोड़ दे सारी दुनिया अकेला भले |
मत हृदय में धरो बैर, रंजिश मनुज ||

हाल अपना किसी को दिखा क्या करो |
जिंदगी बन चली एक गर्दिश मनुज ||

दर्द कितना मिला हो भले ही तुम्हें |
आँसुओं की करो तुम न बारिश मनुज ||

बेवजह दूसरों को दिलाओ दगा |
जानकर मत करो एक साजिश मनुज ||

वक्त कैसी भले करवटें ले यहाँ |
प्रेम की मत लगाना नुमाइश मनुज ||

आधार छन्द: वासग्विणी
मापनी: 212 212 212 212

41. हौंसलो को न...

हौंसलो को न देना कभी टूटने |
हिम्मतों को न देना कभी रूठने ||

आँधियाँ आ गई जिंदगी में कभी |
नाव को तुम न देना कभी डूबने ||

प्रेम का वास होता हृदय में मधुर |
नफरतें भर न देना कभी फूकने ||

जिंदगी एक बहती नदी के सदृश |
नीर इसका न देना कभी सूखने ||

भेद दिल में छिपा क्या तुम्हारे मनुज |
वह सभी को न देना कभी पूछने ||

ये उजाले हमेशा तुम्हारे निकट |
बात दिल को न देना कभी भूलने ||

जिंदगी है पहेली तुम्हारी सुहृद |
दूसरों को न देना कभी बूझने ||

आधार छन्द: वासग्विणी
मापनी: 212 212 212 212

42. खोजते क्यूँ भला...

खोजते क्यूँ भला खुद में' तुम खामियां |
गौर से देख लो, हैं बहुत खूबियां ||

याद है किस तरह तुम खड़े थे अडिग |
राह में आ गयी थी भले आँधियां ||

वो तुम्हीं थे निरंतर बढ़े जो सदा |
जा हिमालय की' ऊँची छुई चोटियां ||

दर्द के पल सभी मुस्कुराकर जिये |
हो रही थी भले अनगिनत हानियां ||

वीर यौद्धा हो' तुम, भूलना मत कभी |
जीत कर आ गए वे कठिन बाजियां ||

नाम रोशन तुम्हारा हुआ इस तरह |
सर झुकाती तुम्हें आज तक वादियां ||

सत्य तुम जानते, फिर भी मायूस क्यूँ |
क्यूँ न तुम दे रहे खुद को शाबाशियां ||

आधार छन्द: वास्रग्विणी
मापनी: 212 212 212 212

43. उम्र का यह...

उम्र का यह सफर एक दिन ढल चले |
साथ मिट्टी बना यह बदन गल चले ||

आग नफरत भरी मत लगाया करो |
इस लगी आग में शख्स हर जल चले ||

तुम दुआ दूसरों को सदा दो मनुज |
क्या पता यह दुआ किस तरह फल चले ||

नीर बर्बाद होता रहा आ नजर |
बेवजह रात दिन देख लो नल चले ||

लोग वे आदतें ही पकड़ते सदा |
जिस तरह का यहां आचरण चल चले ||

क्यूँ दिखाता तू आलस बिना बात ही |
काम करने से क्यूँ तू भला टल चले ||

इन उजालों को रखना सदा पास ही |
यह तिमिर क्या पता, कब तुम्हें छल चले ||

आधार छन्द: वासग्विणी
मापनी: 212 212 212 212

44. होंसलों के जिसे...

होंसलों के जिसे हैं सहारे मिले |
डूबती नाव को भी किनारे मिले ||

साथ जिसने न छोड़ा उजालों भरा |
खूबसूरत उसे फिर नजारे मिले ||

मेहनत जो करे है दिखाकर लगन |
भाग्य के फिर चमकते सितारे मिले ||

दर्द जो सह गया हँसके इंसान है |
खो गए सुख उसे आज सारे मिले ||

नेह की डोर से बाँधता प्रीत जो |
मीत उसको हमेशा ही प्यारे मिले ||

प्रेम का दीप जिसके हृदय में जगा |
फिर मुहब्बत भरे हैं इशारे मिले ||

जिंदगी बन गई है बहुत ही मधुर |
नैन से नैन जब हैं हमारे मिले ||

आधार छन्दः वासग्विणी
मापनी: 212 212 212 212

45. मन दुखी करता...

मन दुखी करता मनुज क्यूँ, तू हँसेगा एक दिन ।
जो सजाया ख्वाब तूने, वह फलेगा एक दिन ॥

मुस्कुराकर जो बढ़ा है, जिंदगी की राह पर ।
मुश्किलों का सिलसिला उसका थमेगा एक दिन ॥

रख हृदय विश्वास गहरा, कर्म फल मिलता सदा ।
देखना रोशन मुक्क्दर फिर बनेगा एक दिन॥

यह ज़रूरी तो नहीं हर, भोर होगी दुख भरी ।
सुख भरी किरणें लिए, सूरज उगेगा एक दिन ॥

योग्यता के नाम का होता हुनर जिस शख्स में ।
आप ही तकदीर अपनी, वह लिखेगा एक दिन ॥

मानते हैं जिंदगी यह, कंटकों का जाल है ।
पुष्प भी लेकिन यहाँ पर, खिल उठेगा एक दिन ॥

भेद जीवन का लिया हो, जान जिस इंसान ने ।
जिंदगी की पार नौका, वह करेगा एक दिन ॥

आधार छन्द: गीतिका
मापनी: 2122 2122 2122 212

46. तुम खुशी को...

तुम खुशी को हर घड़ी बाहर मनुज क्यूँ ढूंढते |
यह खुशी भीतर तुम्हारे, बात क्यूँ यह भूलते ||

आज खुशियां लोग देंगे, एक पल अपना समझ |
वे दिखावा बस करें हैं, तुम उछल कर कूदते ||

दो घड़ी तुम मुस्कुराते, चैन फिर भी है नहीं |
फिर उसी गम के समंदर में रहो तुम डूबते ||

चल रहा भीतर तुम्हारे. इस खुशी का कारवाँ
यह खुशी मिलती कहाँ है, तुम सभी से पूछते ||

मुस्कुराहट वह नहीं जो, सिर्फ मुखड़े पर सजी |
है खुशी सच्ची वही जिस से हृदय सब झूमते ||

खुशनुमा जो दिल हमारा, फिर खुशी हर ओर हो |
तुम खुशी की ताक में पर, दूसरों को पूजते ||

जिंदगी ने यह खुशी दी है तुम्हें तो खुदबखुद |
बेवज़ह ही जिंदगी से तुम भला क्यूँ रूठते ||

आधार छन्द: गीतिका
मापनी: 2122 2122 2122 212

47. हारने से क्यूँ...

हारने से क्यूँ डरो तुम, हार में तो जीत है |
हार हमको सीख देती, हार सच्ची मीत है ||

एक मकड़ी हारती नित, जाल अपना पर बुने |
होंसले अपने न छोड़े, ग्रीष्म हो या शीत है ||

एक दाना ढूँढ़ लाता, उड़ गगन में वह विहग |
हारता बहु बार फिर भी, गुनगुनाए गीत है ||

एक योद्धा हारता कितनी दफ़ा मैदान में |
जीतता फिर भी मगर वह, देश से जो प्रीत है ||

सूर्य लड़ता ही रहे नित, रात का तम चीरकर |
तब कहीं वह रोज लाता दिन यहाँ नवनीत है ||

खोज की वैज्ञानिकों ने हारकर कितनी दफा |
देखकर उनको न सीखे, तू रहे भयभीत है ||

हारने के बाद होता जो सफल है आदमी |
वह ही सच्चे मायने में बन सके मलकीत है ||

आधार छन्द: गीतिका
मापनी: 2122 2122 2122 212

48. मुस्कुराहट सा रतन...

मुस्कुराहट सा रतन यह, आप सब ही पाइये |
बेवजह ही आप बस यूँ मुस्कुराते जाइये ||

गीत ऐसा गुनगुनाओ, जो लुभा ले हर हृदय |
प्रेम का नगमा हमेशा, बस हँसे ही गाइये ||

देख लो तुम किस तरह से, मूक रह हँसता सुमन |
खिल रही कलियाँ बने यह, जिंदगी महकाइये ||

दूर नभ में वे पतंगें, मस्त सी लहरी फिरें |
उन पतंगों की तरह ही आप भी लहराइये ||

मुस्कुराकर दूसरों का स्वागतम करते रहो |
मुस्कुराहट से सदा ही, दूसरों को भाइये ||

चीरकर काले तिमिर को, वे उजाले हैं हँसें |
इन उजालों की तरह ही, आप हँस दिखलाइये ||

जिन्दगी वरदान अनुपम, दो सदा ही शुक्रिया |
जो दिया है ईश्वर ने, हर्ष से अपनाइये ||

आधार छन्द: गीतिका
मापनी: 2122 2122 2122 212

49. रूठकर कोई गया...

रूठकर कोई गया तो रूठ जाने दीजिये |
लौट कर वह आए'गा, बस वक्त आने दीजिये ||

ये उजाले हैं तुम्हारे, गम तुम्हें किस बात का |
कालिमा के मेघ छाए, आज छाने दीजिये ||

क्यूँ मसलते हो कली को, हाथ से अपने मनुज |
पुष्प बनकर आप उसको खिलखिलाने दीजिये ||

हक गरीबों का कभी भी, छीनना मत तुम यहां |
जिंदगी सुख चैन से उन को बिताने दीजिये ||

मत करो बर्बाद बचपन, है बड़ा मासूम यह |
बाल हैं नन्हें दुलारे, मुस्कुराने दीजिये ||

ये विहग सबको लुभाते, मत सताओ तुम इन्हें |
इन परिंदों को गगन में चहचहाने दीजिये ||

मुश्किलें आती अगर हैं, भय तनिक रखना नहीं |
आजमाती हैं तुम्हें तो आजमाने दीजिये ||

आधार छन्द: गीतिका
मापनी: 2122 2122 2122 212

50. डर नहीं हमको...

डर नहीं हमको लगे है अब किसी तूफान से |
जिंदगी के पथ सभी अब तो लगें आसान से ||

शीश अपना हम झुकाएं क्यूँ बिना कारण यहां |
श्वास जब तक चल रही है, हम जियेंगे शान से ||

बोल जो बोले किसी के, ठेस पहुँचाते हमें |
उन सभी को ही निकालो, एक पल में कान से ||

मत निरादर तुम किसी का भी करो सुन लो मनुज |
दूसरों को तुम पुकारो हर घड़ी सम्मान से ||

एक यह ही प्रार्थना है, सुखमयी संसार हो |
घर सभी का ही भरा हो, अन्न-धन औ धान से ||

भावना इंसानियत की, तुम हृदय रक्खो बसी |
कर्म नेकी के कमाओ, कर दया के दान से ||

हाथ जग के सामने तुम क्यूँ रहे अपने फैला |
माँगना तुमको अगर कुछ, माँग लो भगवान से ||

आधार छन्द: गीतिका
मापनी: 2122 2122 2122 212

51. सीखने की क्या...

सीखने की क्या भला होती कभी कोई उमर |
सीखते तो हम सभी रहते सदा ही उम्र भर ||

जन्म से माता सिखाती बोलना संतान को |
बाप चलना है सिखाए हाथ अपने हाथ धर ||

पाठशाला सब हैं जाते, ज्ञान विद्या मिल सके |
सीखते क्या-क्या कहें हैं पुस्तकों के मूक स्वर ||

जब युवा बन पग बढ़ाते, लक्ष्य ढूंढें हैं सभी |
सीखते कैसे है चलना जिंदगी के मार्ग पर ||

बंधनों में जब हैं बँधते, हम निभाते रीत हैं |
सीखते कैसे बनाना आम घर को प्रेम घर ||

जिंदगी हर मोड़ पर, रंग बिखराती बहुत |
सीखते हैं किस तरह जीना है खुद को ढालकर ||

जब तलक है श्वास चलती, नित नई उलझन यहां |
सीखने का सिलसिला रुकता नहीं है यह मगर ||

आधार छन्द: गीतिका
मापनी: 2122 2122 2122 212

52. कौन कहता तू...

कौन कहता तू अकेला, तू स्वयं का मीत है |
साथ कोई दे न जग में, झूठ जग की रीत है ||

महफिलें बेशक न सजती, मुस्कुरा तू खुदबखुद |
स्वर न हों बेशक सुरीले, गा सके तू गीत है ||

खुद तुझी में बल है इतना, क्या सहारे ताकने |
मुश्किलें जो आ घिरी हों, सब सके तू जीत है ||

तू स्वयं को ढाल सकता, है किसी भी हाल में |
फर्क तुझको क्या पड़े रे, ग्रीष्म हो या शीत है ||

चेतना अपनी उजागर कर मनुज जो है मिली |
तू अकेला कर सके फिर, कर्म कुछ नवनीत है ||

साथ किसने था निभाया, तू अकेला ही लड़ा |
देख पीछे झाँककर, पल गया जो बीत है ||

तू अकेला जग में आया, है अकेला अंत तक |
छोड़कर जाना अकेला, क्यूँ रहे भयभीत है ||

आधार छन्द: गीतिका
मापनी: 2122 2122 2122 212

53. वक्त यह अनमोल...

वक्त यह अनमोल होता, तुम गँवाते क्यूँ |
बिन किये कुछ काम जीवन,यह बिताते क्यूँ ||

राह कल की देखते रहते हमेशा तुम |
पास जो है पल तुम्हारे, भूल जाते क्यूँ ||

जो गुजर कल पल गया है, वह नहीं आता |
कर उसे फिर याद आँसूं, तुम बहाते क्यूँ ||

गलतियाँ जो भी हुई हैं, हो गयी वे तो |
कोसकर उनके लिए मन, तुम दुखाते क्यूँ ||

सूर्य, चंदा और तारे, वक्त से बंधे |
तुम मनुज हो, संग इनके, चल न पाते क्यूँ ||

वक्त से पहले कभी क्या मौत है आती |
चीज़ हर तुम वक्त से पहले चुराते क्यूँ ||

वक्त है बलवान कितना, जानते तुम सब |
फिर भला यह भेद रहते तुम दबाते क्यूँ ||

आधार छन्द: रजनी
मापनी: 2122 2122 2122 2

54. छोड़ दूजों पर...

छोड़ दूजों पर भरोसा, खुद पे' बस इतबार कर ले |
ख्वाब जो भी देखता तू, वे सभी साकार कर ले ||

दूसरों से चाहता क्या, आज हैं तो कल न होंगें |
आस औरों से भुलाकर, बस स्वयं को प्यार कर ले ||

नफ़रतों को दफ्न कर के, नेह का दीपक जला तू |
द्वेष अपने सब मिटा दे, दूर मन के खार कर ले ||

जो हुनर है पास तेरे, व्यर्थ उसको कर कभी मत |
कर्म ऐसे कर यहाँ पर, नाव अपनी पार कर ले ||

राह सच की चल हमेशा, झूठ से तू दूर ही रह |
सतगुणों के मोतियों से, भव्य सा श्रृंगार कर ले ||

ये उजाले मीत तेरे, छोड़ मत तू साथ इनका |
संग अपने रखकर इन्हें, उजला हुआ संसार कर ले ||

जन्म जिनसे यह मिला है, भूल मत माता पिता को |
जो किया अब तक उन्होंने, तू सदा आभार कर ले ||

आधार छन्द: माधवमालती
मापनी: 2122 2122 2122 2122

55. आँख के आँसू ...

आँख के आँसू रतन हैं, यूँ इन्हें तुम क्यूँ बहाते |
कीमती सौगात हैं ये, व्यर्थ क्यूँ इनको गँवाते ||

आँसुओं का तुम सभी से, है बड़ा संबंध अद्धभुत |
दर्द ये चुपचाप खुद में, हैं रहें सबका छिपाते ||

भेद क्या है आँसुओं का, यह समझ कोई न पाया |
दर्द में तो ये बहे हीं, पर खुशी में भी हैं आते ||

हाल अपना सब छिपा लो, इस जगत से ही भले तुम |
आँसुओं से तुम छिपा कुछ भी नहीं पर हाल पाते ||

तुम अकेले जब कभी भी, संग आँसू हों सदा ही |
दोस्त बन सच्चे तुम्हारे, साथ हर पल हैं निभाते ||

आँसुओं की जिंदगी क्या, नैन में भी रह न पाएँ |
बह चलें बनकर समंदर, खार अपने में समाते ||

कीमती हैं आब दृग के, तुम नहीं बर्बाद करना |
एक ये ही हैं कभी भी, जो नहीं धोखा दिलाते ||

आधार छन्द: माधवमालती
मापनी: 2122 2122 2122 2122

56. बोलना क्या है...

बोलना क्या है जरूरी, शांत रह क्या जी न सकते ।
बेवजह ही बोलकर हम, व्यर्थ ऊर्जा नष्ट करते ॥

शांत रहकर घूमते हैं, चाँद, तारे, सूर्य पृथ्वी ।
इन सभी को देखकर भी, क्यूँ नहीं हम हैं समझते ॥

बीज कैसे चुप रहे हैं, बन चले हैं पौध सुन्दर ।
क्यूँ नहीं हम बीज के सम धैर्य का हैं भाव रखते ॥

मूक रहकर सूक्ष्म आखर, सीख देते हैं सभी को ।
शांतमय ये ज्ञान दीपक, क्यूँ हृदय में हैं न जलते ॥

ईंट पत्थर मूक रहते, मंजिलें ऊँची बनाएँ ।
शांत इन सबकी तरह हम, क्यूँ नहीं फिर लोग बनते ॥

शाख, कलियाँ शांत रहकर हर घड़ी हैं मुस्कुराती ।
मूक रहकर क्यूँ न ऐसे, हम सभी दिल खोल हँसते ॥

'मौन' भाषा है हृदय की, मौन रहना सीख लो तुम ।
शांत चितमन हो किसी का, हैं वहाँ पर ईश रहते ॥

आधार छन्द: माधवमालती
मापनी: 2122 2122 2122 2122

57. एक दीपक तुम...

एक दीपक तुम जलाओ, एक दीपक हम जलाएँ |
अब तिमिर को दूर जग से, आज मिल जुलकर भगाएँ ||

हर तरफ छाई उदासी, रौनकें दिखती न कोई |
क्यूँ न इन उखड़ें दिलों को, आज मिलकर हम हँसाएँ ||

ख्वाब नैनों में सजाने से डरें हैं लोग कितने |
ख्वाब उन नैनों में' आओ आज प्यारे से सजाएँ ||

जो अकेले चल रहें हैं, जिंदगी की इस डगर पर |
थाम कर हम हाथ उनका क्यूँ नहीं अपना बनाएँ ||

पास ही रहते सभी के ये उजाले तो हमेशा |
क्यूँ नहीं यह बात सबको याद फिर से चल कराएँ ||

लोग अपनों को यहाँ पर, गैर पल भर में करें हैं |
हम किसी रिश्ते बिना ही, क्यूँ नहीं रिश्ता निभाएँ ||

आदमी जग में बहुत से हैं भटकते राह अपनी |
क्यूँ न बनकर मार्गदर्शक, राह उनको हम दिखाएँ ||

आधार छन्द: माधवमालती
मापनी: 2122 2122 2122 2122

58. नित्य दिन होता...

नित्य दिन होता नया ही, है नया ही रोज अवसर |
यह तुम्हें ही देखना है, कर्म उस पल क्या सको कर ||

क्या लिखा कल के सफों में, भेद किसको यह पता है |
आज जो है पास में पल, ध्यान दो केवल उसी पर ||

सूर्य नित दिन ही उगे है, रश्मियों को संग लाता |
रोज़ होती भोर उजली, नव उमंगें हर हृदय भर ||

नित्य कलियाँ भी खिलें हैं, भव्य पुष्पों को खिलाएँ |
गम उन्हें रहता नहीं फिर, कल झड़ी वे बनके निर्झर ||

जो गया वह तो गया है, याद उसको अब करो क्यूँ |
क्यूँ नहीं आगे बढ़ो तुम, है तुम्हें किस बात का डर ||

क्या पता इस आज में ही, वह सफल जीवन छिपा हो |
इस नये अवसर को पाकर, हो सके तुम छू लो' अंबर ||

एक नव विश्वास खुद में, नित्य ही रखना जगाए |
रोज ही रखना जगाकर, एक तुम उम्मीद भीतर ||

आधार छन्दः माधवमालती
मापनी: 2122 2122 2122 2122

59. अनमोल है तू...

अनमोल है तू हे मनुज, खुद की तनिक पहचान कर |
तू जानता हर सत्य को, इसको नहीं अनजान कर ||

मुश्किल भले हर राह हो, अपना गिरा साहस नहीं |
हिम्मत दिखा, भीतर छिपी, सब मुश्किलें आसान कर ||

तुझसा नहीं कोई यहाँ, तेरा हुनर कुछ खास है |
अपना हुनर सबको दिखा, संसार को हैरान कर ||

इंसानियत तेरा रतन है, मत भूल तू इस बात को |
दुष्कर्म कर, इंसान से, खुद को नहीं हैवान कर ||

दीपक जला तू नेह का, मन को उजागर कर सदा |
सब अहम औ द्वेष का, अपने हृदय से दान कर ||

ईमान खोना मत कभी, चाहे कहीं भी तू रहे |
हालात हों कैसे भले, खुद का सदा सम्मान कर ||

जो साथ देते हैं सदा, उनका भरोसा तोड़ मत |
उनके लिए तो जान भी, अपनी भले कुर्बान कर ||

आधार छन्द: हरिगीतिका
मापनी: 2212 2212 2212 2212

60. वादा करो किसी...

वादा करो किसी से, उसको सदा निभाओ |
चाहे रहो कहीं भी, वादा नहीं भुलाओ ||

कोई अगर जगत में, तुम पर करे भरोसा |
उसका किया भरोसा, तुम मत कभी मिटाओ ||

विश्वास पर टिका है, बंधन बना यहाँ हर |
विश्वास तोड़कर वह, रिश्ता नहीं गँवाओ ||

अपना तुम्हें समझ कर, करता यकीन कोई |
धोखा उसे न देना, दिल को नहीं दुखाओ ||

हालात हों भले ही, प्रतिकूल ज़िंदगी में |
बेकार में बहाने, यूँ ही नहीं बनाओ ||

जो आस है लगाए, कोई यहां तुम्हीं से |
उस आस के दिये को, हरगिज़ नहीं बुझाओ ||

तुम कुछ न दो किसी को, देना यकीन केवल |
वादा सदा निभाकर, सबके हृदय समाओ ||

आधार छंद : दिग्पाल
मापनी: 2212 122 2212 122

61. दूजों का दुख...

दूजों का दुख दूर कर, अपने दुख को भूल |
पाँव तले रखना नहीं, कभी किसी के शूल ||

बंधन देखो है बना, कैसा इनके बीच |
काँटों के आवास में, खिलते कोमल फूल ||

मुखड़े पर रखना सदा, मधुरिम सी मुस्कान |
वक्त भले ही आ गया, जीवन में प्रतिकूल ||

छोड़ पड़े संसार का, झूठा सारा मोह |
जीवन दो दिन चाँदनी, मत ऐसे तू झूल ||

नहीं किसी लाचार का, हक लेना तू छीन |
धोखे से कुछ भी कभी, होता नहीं वसूल ||

मुख पर हो कुछ और तुम, पीछे हो कुछ और |
चुगली, निंदा बैठकर, करना नहीं फिजूल ||

मलिन सदा लगता रहे, उसको यह संसार |
चश्मे पर जिसके चढ़ी, खुद ही इतनी धूल ||

आधार छन्द: दोहा
मात्रा: 13,11

62. सुखमय सबका रहे...

सुखमय सबका, रहे सदन |
प्रभु का हर पल, करो मनन ||

महकी हो हर, एक डगर |
पुष्पों सजता, खिले चमन ||

सच के पथ पर, बढ़ें कदम |
बोलो मत तुम, मिथ्य वचन ||

जीवन हो यह, सहज सरल |
मन में हो बस, यही लगन ||

नश्वर है यह, सर्व जगत |
सच्चा है बस, यही कथन ||

नहीं किसी का, दुखे हृदय |
करना हर पल, यही जतन ||

बने सुहाना, सदा सफर |
सपना देखें, यही नयन ||

आधार छंद : मनमोहन
मात्रा: 14 (8+6)

63. मन जो होता...

मन जो होता सुंदर, सुंदर जीवन लगता |
जर्रा जर्रा जग में, खिलता मधुबन लगता ||

दीप नेह का उजला, जलता हो जो दिल में|
घोर निराशा में भी, सब कुछ रोशन लगता ||

जब भी हम मुस्काते, दूर सभी हों शिकवे |
मधुरिम सा फिर हमको, हर इक बंधन लगता ||

हर कोने में जिसके, खुशी मिले है दिल को |
जन्नत से भी बढ़कर, वह घर आँगन लगता ||

मन जिसका हो शीतल, भाए उसको सब कुछ |
दहका सा सहरा भी, झरना झन झन लगता ||

प्रभु की हर रचना में, देखें अगर उसे ही |
मनमोहक फिर सबको, उजड़ा कानन लगता ||

वास अगर है होता, द्वेष घृणा का भीतर |
कहीं चले फिर जाओ, नहीं जरा मन लगता ||

आधार छंद : भिखारी
मात्रा 12,12

64. हिम्मत रख बस...

हिम्मत रख बस, हल निकलेगा |
आज न निकला, कल निकलेगा ||

दृढ़ निश्चय जो रक्खे मन में |
सारा उसका बल निकलेगा ||

आशा का जो तीर चलाओ |
सहरा में भी जल निकलेगा ||

अगर उजाले संग तुम्हारे |
काला बादल ढल निकलेगा ||

किया भरोसा जो औरों पर |
तुझको पल में छल निकलेगा ||

दर्द सुनोगे अगर किसी के |
दिल सबका घायल निकलेगा ||

प्रेम रोग ये लगे अजब है |
हर प्रेमी पागल निकलेगा ||

आधार छंद : चौपाई
मात्रा: 16

65. हर कोई खोता...

हर कोई खोता पाता है |
सबका सुख दुख से नाता है ||

जो ऊपर बैठा है मालिक |
वह लिखता सबका खाता है ||

यह जीवन दो दिन का मेला |
प्राणी तो आता जाता है ||

मंजिल मिलती केवल उसको |
जो कभी नहीं घबराता है ||

जो दूजों को देता खुशियाँ |
वह सबके मन को भाता है ||

निकले है वह हर संकट से |
जो दुख में भी मुस्काता है ||

सच्चा मानव पतझड़ में भी |
मधुरिम गीतों को गाता है ||

आधार छंद : चौपाई
मात्रा: 16

66. मन में आज...

मन में आज उमंग जगाओ |
अंबर धरती पर ले आओ ||

ऐसे बीज मनुज बोना तुम |
सहरा में भी चमन खिलाओ ||

खुल के जी लो जीवन अपना |
गम को भूले बस मुस्काओ ||

अपने इन प्यारे नैनों में |
स्वप्न सलोने ख़ूब सजाओ ||

मात्र कल्पना ही हो चाहे |
पर इसको जीवन्त बनाओ ||

सदा उजाले संग रहें हैं |
बात जगत को यह समझाओ ||

चाहे रोकें तुम्हें लोग सब |
पग ये आगे सदा बढ़ाओ ||

आधार छंद : चौपाई
मात्रा: 16

67. तू सबकी बात...

तू सबकी बात न माना कर |
कुछ अपने दिल की जाना कर ||

दर्द तुझे जो भी बातें दें |
उन सबको आज रवाना कर ||

रिश्ते होते मधुरिम, अनुपम |
तू इनको मत बेगाना कर ||

बात नहीं जो समझें तेरी |
तू बंद उन्हें समझाना कर ||

बने उजाले साथी तेरे |
उनसे ही बस याराना कर ||

मंजिल हासिल जो करनी है |
तू कोशिश उसको पाना कर ||

यह जीवन जीना ही पड़ता |
तू मत बेकार बहाना कर ||

आधार छंद : चौपाई
मात्रा: 16

68. तू वाणी मधुरिम...

तू वाणी मधुरिम बोला कर |
मिश्री सा मधु रस घोला कर ||

यह दुनिया तुझे घुमाएगी |
तू ऐसे ही मत डोला कर ||

रहें उजाले तो निज मन में |
मन के दरवाजे खोला कर ||

सब तुझको जाएँ छलते ही |
मत खुद को इतना भोला कर ||

दूजों के बहकावे में आ |
अपना जीवन मत रोला कर ||

गुस्से में भड़काकर खुद को |
मत अंगारे का गोला कर ||

खास बनाया तुझको रब ने |
न किसी से खुद को तोला कर ||

आधार छंद : चौपाई
मात्रा: 16

69. यह मुश्किल जब...

यह मुश्किल जब भी आती है |
बस बुजदिल को दहलाती है ||

अपना लेते जो मुश्किल को |
वह अपना उन्हें बनाती है ||

जो नहीं विघन से घबराते |
यह उनको राह दिखाती है ||

जो चलते रहते काँटों पर |
हर राह पुष्प बन जाती है ||

जो रखते हैं भीतर हिम्मत |
यह उनको धैर्य बँधाती है ||

नहीं करें जो उफ तक दुख में |
उनको फिर खुशी हँसाती है ||

हो जो मन में सच्ची श्रद्धा |
हर मंजिल पार कराती है ||

आधार छंद : चौपाई
मात्रा: 16

70. जो धैर्य धरे...

जो धैर्य धरे अपने भीतर ।
जीवन उसका बनता सुंदर ॥

हर बात समय पर होती है ।
बस रक्खो याद यही आखर ॥

जो पाँव बढ़ाता धीमे से ।
जल्दी पहुँचे वह चोटी पर ॥

धीरजता जिस आँगन होती ।
फिर स्वर्ग कहाता है वह घर ॥

देखो माटी में रहकर भी ।
धीरज रखते रहते कंकर ॥

जिसने खोया अपना धीरज ।
पछताना पड़ता जीवन भर ॥

'धीरज' शब्द लगे छोटा सा ।
भर दे पर गागर में सागर ॥

आधार छंद : चौपाई
मात्रा: 16

71. हर ओर उजाला...

हर ओर उजाला हो जाए |
संसार निराला हो जाए ||

हो वास दया का हर दिल में |
हर शख्स दयाला हो जाए ||

ज्योति जगे हर मन में पावन |
मन आज शिवाला हो जाए ||

कुछ कर्म करो मानवता का |
परमेश कृपाला हो जाए ||

जो दगा वतन से करता है |
वह देश निकाला हो जाए ||

खुशियों की अब मधु वर्षा हो |
यह जगत निहाला हो जाए ||

हो नाम ईश का ही जिसपर |
वो पाक रुमाला हो जाए ||

आधार छंद : चौपाई
मात्रा: 16

72. गलती होती...

गलती होती बाल बराबर |
खींचो मत तुम खाल बराबर ||

पंछी भी तो होते भूखे |
दाना उनको डाल बराबर ||

बड़े बुजुर्गों की कर सेवा |
पूछ हमेशा हाल बराबर ||

मधुर तराना तभी लगे है |
होते जो सुर-ताल बराबर ||

दुनिया तो उलझाती रहती |
तू चल अपनी चाल बराबर ||

तेरा है पूरा पूरा हक |
करना सदा सवाल बराबर ||

जो तेरा हैं साथ निभाते |
बनना उनकी ढाल बराबर ||

आधार छंद : चौपाई
मात्रा: 16

73. कुछ मीठी, कुछ...

कुछ मीठी, कुछ खारी होती |
यादें सारी प्यारी होती ||

जीवन चाहे कहीं चला हो |
जंग सदा ही जारी होती ||

जिन्हें हमेशा भय लगता है |
उन्हें मुसीबत भारी होती ||

पथ कैसा भी आए बेशक |
नर की संगी नारी होती ||

नाम ईश का ध्याते जाओ |
दूर उलझनें सारी होती ||

धन दौलत के पीछे भागे |
हर पल मारा मारी होती ||

एक मृतक के सम वह होता |
बाजी जिसने हारी होती ||

आधार छंद : चौपाई
मात्रा: 16

74. सादा जीवन, उच्च...

सादा जीवन, उच्च विचार
ये ही होते हैं संस्कार ||

झूठी शानोशौकत त्याग |
सच ही है जीवन आधार ||

सरल सहज हो तेरी सोच |
मधुरिम सबसे कर व्यवहार ||

इच्छाओं का कर विध्वंस |
जो है, कर उसका आभार ||

अगर उजाले तेरे मीत |
उजला होगा सब संसार ||

काम क्रोध तू सब जा भूल |
मन में बस हो तेरे प्यार ||

करता रह बस तू सतकर्म |
हो जाएगा बेड़ा पार ||

आधार छंद : चौपई
मात्रा: 15 ; चौपाई - 1 (पदांत- गाल)

75. हर पल समझो...

हर पल समझो होता फाग |
गाते जाओ मधुरिम राग ||

मुरझाएं हो चाहें पुष्प |
कल खिलता सा होगा बाग ||

पैसा माया सब है मिथ्य |
मत दौलत के पीछे भाग ||

करे बुरे ही हर पल कर्म |
लगा रहा क्यूँ खुद पर दाग ||

जब सुख वैभव हो भरपूर |
घर में ही हो बसा प्रयाग ||

मनवा अपनी भूल सुधार |
जब समझे, उस पल ही जाग ||

चलना सँभले ही हर रोज |
बैठे पग-पग पर हैं नाग ||

आधार छंद : चौपई
मात्रा: 15; चौपाई - 1 (पदांत- गाल)

76. अब सच का...

अब सच का ही हो आगाज |
उठे न्याय की ही आवाज ||

मिट जाए सब नफरत द्वेष |
प्रेम भरा हो जाए राज ||

लड़ें सभी अब सीना तान |
शख्स यहां हो हर जांबाज ||

चलते हों जो जग के मध्य |
अपना अलग दिखे अंदाज ||

बाधाओं को पल में चीर |
पहनें सभी जीत का ताज ||

हर महफिल हो अब रंगीन |
बजता रहे मधुर सा साज ||

हों कुछ अच्छे अपने कर्म |
रब को भी हम पर हो नाज ||

आधार छंद : चौपई
मात्रा: 15; चौपाई - 1 (पदांत- गाल)

77. अपने मन में...

अपने मन में रख विश्वास |
सब कुछ होगा तेरे पास ||

याद रहे तुझको यह सत्य |
तू खुद अपने में है खास ||

छोड़ आज इस जग का मोह |
रख केवल अपने से आस ||

रहें उजाले जो हैं संग |
होगा चारों ओर प्रकास ||

पग चलते हों सच की ओर |
करना केवल यही प्रयास ||

जीवन ऐसे हो व्यतीत |
अंतर्मन में हो उल्लास ||

मातु पिता होते सम ईश |
इन चरणों का बन तू दास ||

आधार छंद : चौपई
मात्रा: 15; चौपाई - 1 (पदांत- गाल)

78. छोटा शब्द लगे...

छोटा शब्द लगे आभार |
गहन मगर है इसका सार ||

करो शुक्रिया जो है संग |
हँसते हँसते हो स्वीकार ||

जिसने सदा निभाई रीत |
उसके लिए रहो तैयार ||

करें शुक्रिया जो भी व्यक्त |
मिलती उनको ख़ुशी अपार ||

मत भूलो कोई अहसान |
भूलो चाहे सब घर बार ||

जो आया हो काम सदैव |
उसपर जान तलक दो वार ||

जीवन में सब कुछ अनमोल |
समझो अनुपम सा उपहार ||

आधार छंद : चौपई
मात्रा: 15; चौपाई - 1 (पदांत- गाल)

79. तू सबका ही...

तू सबका ही सम्मान कर ।
अब अहं घृणा का दान कर ।।

दीपक जलता हो नेह का ।
मधु प्रेम गीत गुणगान कर ।।

करके बस अच्छे कर्म ही ।
इस जीवन का कल्यान कर ।।
कड़वे सारे त्यागे वचन ।
मधुरिम वाणी रस पान कर ।।

परमेश्वर सम माता पिता ।
तू अर्पण उनपर प्राण कर ।।

हिम्मत अपने भीतर धरे ।
हर मुश्किल को आसान कर ।।

जीवन तेरा दुर्लभ बहुत ।
ऐसे ही मत अनजान कर ।।

आधार छंद : चौबौला
मात्रा: 15, चौपाई - 1 (पदांत- लगा)

80. चाह अगर हो...

चाह अगर हो सच्ची दिल में, फिर हर मंज़िल मिल जाती है |
बाधा कैसी भी आ जाए, वह पथ को रोक न पाती है ||

घर से निकलें रोज हैं सारे, क्या होगा पर नहीं जानते |
फिर भी चाहत कुछ करने की, सबको बाहर ले आती है ||

सपने तो हर कोई देखे, कोई ही रखता पर जीवित |
चाहत पूरा करने की ही, उनको साकार कराती है ||

संग शूल के पुष्प खिलें हैं, हँसते रहतेफिर भी हर पल |
चाह उन्हें होती जीने की, यह जीना उन्हें सिखाती है ||

भूख सभी को तभी लगे है, जब भोजन की इच्छा हो |
जब तक चाह न होगी उर में, रोटी भी कहाँ लुभाती है ||

चाहत तो कहलाती आशा, जो सबको है राह दिखाए|
एक दीप आशा का भीतर, यह चाहत सदा जलाती है ||

दिल से जो भी चाहे पाना, रब भी उसको सब दे देता |
सच्ची चाहत के आगे तो, रब की भी रज़ा समाती है ||

आधार छंद :द्विगुणित चौपाई
मात्रा: 16,16

81. मन जिसका खुद...

मन जिसका खुद ही हो सुंदर, उसपर असर न कोई डाले ।
डगर चले वह सत्कर्मों की, चाहे पाँव पड़े हों छाले ॥

जग में करते कुछ जन कोशिश, मैला कर दें मन दूजों का ।
लेकिन प्रेम दीप जब जलता, अंतर्मन में करे उजाले ॥

सज्जन को सब बुरा बनाएँ, बुरे विचारों के जरिये ही ।
सोच मगर उसकी हो ऐसी, बाहर ऐसे बीज निकाले ॥

अच्छा मानव सुनता सबकी, मुस्काकर करता अभिनंदन ।
पर जो उसको भाय नहीं हैं, सोच समझ कर उनको टाले ॥

जैसे चंदन का तन होता, सर्प डसे पर दिव्य रहे है ।
एक संत ज्ञानी ऐसे ही, खुद को रहता सदा सँभाले ॥

कलयुग है यह, वक़्त बुरा है, सब चाहें हैं बुरे बने सब ।
अंतर्मन को पर समझा दो, ग्रहण न कर ले विष के प्याले ॥

मन मंदिर है, वास ईश का, निश्छल, सुंदर, पावन होता ।
मलिन नहीं कोई कर सकता, जितना चाहे जोर लगा ले ॥

आधार छंद : द्विगुणित चौपाई
मात्रा: 16,16

82. हम सब पुष्प...

हम सब पुष्प एक उपवन के, क्या तेरा क्या मेरा करना |
एक धरा की गोदी खेलें, एक गगन के नीचे रहना ||

नन्हीं नन्हीं नदियां जैसे, मिलकर बन जाती हैं सागर |
ऐसे ही आपस में मिलकर, हाथ पकड़कर हमको चलना ||

अक्षर मिलकर पन्ने बनते, पन्ने मिलकर बनती पुस्तक |
मिल जुलकर यूँ हम सबको भी, मानवता की पुस्तक लिखना ||

ईंटें आपस में जुड़ जाती, उनसे बन जाती है मंजिल |
हाथों में यह हाथ पकड़कर, हमको भी बँधन में बँधना ||

सात रंग जब हैं मिल जाते, नभ में सुंदर छवि है दिखती |
ऐसे ही मधु प्रेम रंग भर, इंद्रधनुष के जैसा बनना ||

पुष्प पिरोकर तरह तरह के, हार बनें हैं सुन्दर अनुपम |
इन पुष्पों के जैसे हमको, खिलते खिलते हर पल हँसना ||

एक ईश ने जन्म दिया है, बालक हैं हम सभी उसी के |
अलग अलग है काया बेशक, लेकिन उसमें ही जा रमना ||

आधार छंद : द्विगुणित चौपाई
मात्रा: 16,16

83. चिंता काहे को...

चिंता काहे को करते हो, जो होना वह तो होना है |
व्यर्थ नयन में भरकर आंसू, क्यूँ रहते हर पल रोना है ||

जो बीत गया सो बीत गया, लौट नहीं आता वह फिर से |
हिस्से में जो लिखा नहीं है, उसको हर हाल में खोना है ||

जीवन है अनमोल बड़ा ही, हँसते हँसते जी लो इसको |
क्यूँ चिंता में जागे रहना, क्यूँ चिंता में ही सोना है ||

जब तक चिंता साथ रहेगी, यह मन भी होगा ही चिंतित |
चिंता का ऐसा बोझा फिर, बेकार भला क्यूँ ढोना है ||

बिन फल की चिंता करके ही, तू अपना फर्ज निभाता जा|
ध्यान सदा केवल ही रखना, बस बीज नेक ही बोना है ||

जितना भी तेरे बस में हो, उतनी ही खुद से आशा रख |
ख्वाब नहीं होने जो पूरे, बतला क्यूँ उन्हें सँजोना है ||

जीवन एक परीक्षा गहरी, पार तुम्हें करनी ही होगी |
जन्मों जन्मों के पापों को, निज सतकर्मों से धोना है ||

आधार छंद : द्विगुणित चौपाई
मात्रा: 16,16

84. सुंदरता न रंग...

सुंदरता न रंग से होती, अंतर्मन से होती है ।
निर्मल नीरव सच्चा मन ही, सबसे प्यारा मोती है ॥

तन पर सुंदर कपड़े पहने, खोट भरा मन में लेकिन ।
ये झूठी सुंदरता तो बस, झूठा हमें लुभोती है ॥

कोयल को ही देखो सारे, काली है इसकी काया ।
लेकिन इसके मधुर स्वरों में, दुनिया सारी खोती है ।

काजल काला सा होता है, नैनों का पर आभूषण ।
काली भैंस कुरूपित लगती, दूध श्वेत सँजोती है ॥

कौए काले तन से होते, पैगाम मगर ये देते ।
कोयले की वो काली खानें, हीरे रत्न छिपोती है ॥

कीचड़ भरा तीर नदिया का, बने सहारा जीवों का ।
माटी कंकर बगिया रखती, कलियाँ फिर भी बोती है ॥

इस तन में क्या रक्खा मानुष, करो सदा मन को सुंदर ।
काली रजनी की गोदी में, नींद सुहानी सोती है ॥

आधार छंद : ताटंक
मात्रा: 16,14 (चौपाई + 14 ; अंत 222)

85. बीती यादों के...

बीती यादों के साये में, क्यूँ हर पल ही खोते हो |
जो बीता वो बीत गया है, क्यूँ बिलखे तुम रोते हो ||

गलती का पुतला हैं हम सब, गलती करना आदत है |
गलती करके अपने मन पर, क्यूँ तुम बोझा ढोते हो ||

बाहर झाँक रहे हो जग में, ढूँढ रहे हो अच्छाई |
मैल जमी जो मन के भीतर, क्यूँ उसको ना धोते हो ||

व्यर्थ करो तुम जीवन अपना, बुनकर यूँ ताने बाने |
मन में ढेर विकारों को भर, ऐसे काहे सोते हो ||

द्वेष भावना तजो हृदय से, दूर करो सारी नफरत |
दूजों का जो बुरा तके है, क्यूँ वो स्वप्न सँजोते हो ||

जानो तुम निज कर्मों का फल, मिलता सबको एक दिवस |
फिर भी क्यूँ तुम जान बूझ कर, बीज दुषैले बोते हो ||

सत्य जानते हो तुम सब कुछ, क्यूँ करते हो अनदेखा |
सोचे सोचे व्यर्थ मनुज तुम, क्यूँ चिंतामय होते हो ||

आधार छंद : तार्टंक
मात्रा: 16,14 (चौपाई + 14 ; अंत 222)

86. सुई वक्त की...

सुई वक्त की देखो कैसे, बिन रुकते ही चलती है ।
पल-पल बीता जाता पल में, जीवन बेला ढलती है ॥

जिह्वा से तो सब बोलें हैं, क्या मनसा जाने भीतर ।
दुआ अगर कोई दिल से दे, केवल वह ही फलती है ॥

अजब रीत होती दुनिया की, सभी मुखौटा हैं ओढ़ें ।
जिस दुनिया को अपना समझें, वह ही हमको छलती है ॥

अपना अपना कहते सारे, नहीं समझते पर अपना ।
अक्सर खुशी हमारी जग में, अपनों को ही खलती है ॥

बिना त्याग के नहीं मिले कुछ, करना पड़ता है अर्पण ।
तम को उजला करने खातिर, दीपक की लौ जलती है ॥

उम्मीदें टूटी जाती हैं, फिर भी आस रहे सबको ।
उमड़ उमड़ कर आशा मन में, नित्य नई सी पलती है ॥

इस तन पर अभिमान न हो, नश्वर है यह तो प्राणी ।
जीवन की ढलती बेला में, यह काया भी गलती है ॥

आधार छंद : ताटंक
मात्रा: 16,14 (चौपाई + 14 ; अंत 222)

87. सपनों को बस...

सपनों को बस स्वप्न न समझो, सपने राह दिखाते हैं |
संबल बनकर हम सबका ये, हिम्मत हमें दिलाते हैं ||

कहाँ किधर से आएँ जाएँ, कोई जान नहीं पाया |
अपनी भूल भुलैया में ही, ये सपने भरमाते हैं ||

सपने जब ये आँखें देखें, इनकी दुनिया में खोती |
इनको देखे ही हम अपनी, मंजिल तक जा पाते हैं ||

स्वप्न पिता हैं नव खोजों के, बनें प्रेरणा हम सबकी |
नए नए से शोध दिखाकर, नव संचार कराते हैं ||

स्वप्न उजागर मन को करते, जीवित रखते हैं चाहत |
दीप जलाकर एक लगन का, आशा नई जगाते हैं ||

बनें आइना सपने कल का, देते सबको अंदेशा |
क्या होगा कल के दामन में, वो सब हमें बताते हैं ||

सपने देखो सब जी भर कर, साथ नहीं इनका छोड़ो |
सपने ही हैं जो सपनों को, खुद ही सत्य बनाते हैं ||

आधार छंद : तांटक
मात्रा: 16,14 (चौपाई + 14 ; अंत 222)

88. बातें करनी छोड़ो...

बातें करनी छोड़ो मानुष, क्या रक्खा है बातों में ।
करना है तो कर दिखलाओ, कुछ मुश्किल हालातों में ॥

कभी ज़रा सा जाकर देखो, कैसा खूब नजारा है ।
हँसते हँसते चलते रहते, चंदा तारे रातों में ॥

चाहे कितनी मुश्किल आए, हर पल ही मुस्काओ तुम ।
आंसूं भी सब हैं छिप जाते, बरसी उन बरसातों में ॥

झूठी जग की माया है सब, रीत यहाँ हर झूठी है ।
क्यूँ उलझे ही तुम रहते हो, इन झूठे से नातों में ॥

धीरज रक्खो अपने भीतर, आएगा वह नव अवसर ।
समय ज़रा सा लगता ही है, नई नई शुरूवातों में ॥

जो पाया है, उसको जी लो, बड़ी नहीं चाहत रक्खो ।
खुशियों के पल खोजे रहना, छोटी सी सौगातों में ॥

दर्द बड़ा ही मिलता दिल को, जब छलता कोई अपना ।
प्रेम भरे बस मरहम भर दो, मिले हुए आघातों में ॥

आधार छंद : ताटंक
मात्रा: 16,14 (चौपाई + 14 ; अंत 222)

89. क्या ऐसा है...

क्या ऐसा है उपवन कोई, मिलते जिसमें शूल नहीं |
क्या ऐसा है कोना कोई, दिखती जिसमें धूल नहीं ||

दूजों की गलती क्यूँ देखो, मानव गलती का पुतला |
कोई कोई है ऐसा मानव, होती जिससे भूल नहीं ||

पत्ते भी पीले पड़ते हैं, जब आए निर्झर पतझड़ |
कलियाँ भी मुरझाती थोड़ी, खिलता है हर फूल नहीं ||

जीवन में हर पल परिवर्तन, सुख, दुख आते रहते हैं |
समय बदलता रहता है, रहे सदा प्रतिकूल नहीं ||

बीज उगाते हम हैं जैसा, वैसा ही हम पाते फल |
आम अगर तुम पाना चाहो, बोओ बीज बबूल नहीं ||

कब क्या हो कोई क्या जाने, आज धनी तो कल निर्धन |
अहं धरे तू भीतर अपने, ऐसे झूठा झूल नहीं ||

जितना मर्जी कर लो कोशिश, जो तेरा तू वह पाए |
दूजे का हक लेकर कुछ भी, होगा तुझे वसूल नहीं ||

आधार छंद : लावणी
मात्रा: 16,14 (चौपाई + 14 ; अंत स्वैच्छिक)

90. दृढ निश्चय जो...

दृढ निश्चय जो रखता मन में, दिशा उसे ही मिलती है ।
हिम्मत से जो आगे बढ़ता, शिला खड़ी भी हिलती है ॥

हुआ भला क्या आई पतझड़, कल बासंती भी होगा ।
निझर सी इक कली बाग़ में, एक दिवस फिर खिलती है ॥

नन्हीं सी लगती है सूई, यूँ ही लेकिन मत समझो ।
धागा पिरो पिरो कर यह ही, चीर फटा सा सिलती है ॥

अपनी मातृभूमि को देखो, कैसा दर्द सहे हर पल ।
उन वीरों के बलिदानों से, छाती इसकी छिलती है ॥

नभ में चमका सूरज देखो, चुप्पी साधे है मुस्काए ।
ग्रीष्म ताप में लिपटे-लिपटे, सूर्य किरण भी चिलती है ॥

माँ सा नहीं जगत में कोई, बच्चों में खोजे जीवन ।
बच्चों को सुख देने खातिर, घर के भीतर पिलती है ॥

सत्य मार्ग पर जो चलते हैं, अटल रहें अपने पथ पर ।
बात एक भी झूठी बोली, नहीं उन्हें तो झिलती है ॥

आधार छंद : लावणी
मात्रा: 16,14 (चौपाई + 14 ; अंत स्वैच्छिक)

91. तुम जैसे हो...

तुम जैसे हो वैसे रहना, कभी दिखावा नहीं करो |
जो तुमसे कभी हो न पाए, उसकी डींगें न तुम भरो ||

झूठे रस्ते क्यूँ अपनाने, जो है उस से चुनो दिशा |
मंजिल तुमको मिल जाएगी, थोड़ा सा बस धैर्य धरो ||

बाहर मीठे, अंदर नफरत, ऐसा करना ठीक नहीं |
प्रेम भाव से जीतो दिल को, सबका ही तुम कष्ट हरो ||

ढोंग रचाने से क्या मिलता, सच का पर्दा फाश हुआ |
झूठा खेल रचाकर हर पल, काहे यूँ बेकार मरो ||

प्रीत उसी से करना सच्ची, जिसने तुमसे प्रीत करी |
जो तुमको दिल से है चाहे, उसको मानो साँवरो ||

संगत का भी असर बहुत हो, साथ चुनो तुम सोच समझ |
बुरी डगर पर जो ले जाए, उस मानव से सदा टरो ||

तुम जो भी हो गर्व तुम्हें हो, दूजों से क्यूँ तोल रहे |
जो सच है, उसको अपनाओ, किसी और से नहीं डरो ||

आधार छंद : लावणी
मात्रा: 16,14 (चौपाई + 14 ; अंत स्वैच्छिक)

92. जब तक मंजिल...

जब तक मंजिल मिले न तुमको, करना क्यूँ आराम है |
जाने है जो चलना ही बस, मिलता उन्हें मुकाम है ||

जिनको अपना लक्ष्य साधना, नित्य परिश्रम करते वे |
उनके खातिर नहीं यहाँ पर, रात, दिवस या शाम है ||

जीवन यह अनमोल बड़ा है, कर्म कमा लो नेक तुम |
जैसा कर्म करोगे जग में, वैसा ही परिणाम है ||

जिसने सीखा लड़ते रहना, जब तक बाकी श्वास ये |
स्वर्णिम अक्षर में लिखवाता, वह ही अपना नाम है ||

वीर बहादुर लड़ते रहते, समझे अपना फर्ज सब |
फ़िक्र नहीं फिर उनको होती, क्या होना अंजाम है ||

तम में भी मुस्काना सीखो, देखे तुमको यह जगत |
अरे उजाले सभी तुम्हारे, देना यह पैगाम है ||

अडिग रहें जो अपने पथ पर, हिम्मत अपने पास रख |
ऊपरवाला भी है करता, हर पल उन्हें सलाम है ||

आधार छंद : प्रदीप
मात्रा: 16,13 (चौपाई +दोहे का विषम चरण)

93. निर्भय होकर सब...

निर्भय होकर सब कह डालो, जो भी तुमको है कहना |
पल चाहे कैसा आ जाए, मानव तुम अविचल रहना ||

ऊँचे नीचे पथ आएँगे, इन सब राहों पर चलते |
जीवन की बहती धारा के, संग सदा रहते बहना ||

तुम अपने गुण मत खो देना, जोर लगा ले सारा जग |
गुण होतें हैं खान मनुज की, अनुपम सा पाया गहना ||

मातु-पिता युत गुरुवर जैसा, नहीं यहाँ दूजा कोई |
डाँट अगर तुमको देते तो, उसको हँसकर ही सहना ||

सत्य नाम ही केवल सच्चा, झूठा जग में बाकी सब |
झूठ-कपट का मानुष तुमने, क्यूँ ऐसा चोला पहना ||

जो भी मिलता है जीवन में, वह सब ही तुम अपनाओ |
हालातों के हर पहलू में, तुम हर पल रहते ढहना ||

प्रेम दीप से अंतर्मन को, करना अपने तुम रोशन |
नफरत की जलती ज्वाला में, कभी नहीं देखो दहना ||

आधार छंद : कुकुभ
मात्रा: 16,14 (चौपाई + 14; अंत 22)

94. जो कुछ भी...

जो कुछ भी छूट गया अब तक, उसका मत करो मलाल |
हक अपना तुम समझे उस पर, मत करते रहो बवाल ||

डर डर के क्या जीना जग में, यह तुमको सदा डराय |
दुनिया देखे ही रह जाए, कुछ ऐसा करो कमाल ||

अनमोल बहुत हो तुम मानुष, रखना हर पल स्मरण |
जो भी हुनर मिला है तुमको, बस रखना उसे सम्भाल ||

जैसा पल आए जीवन में, मन में रखना बस हर्ष |
नहीं बहाना कोई आँसूं, तुमको हो यही खयाल ||

मुश्किल कितनी भी आ जाए, भीतर हो तेरे धैर्य |
खुद को मनुज ज़रा सा भी भी, करना मत कभी निढाल ||

जीवन में चाहे हो जाए, तेरे कितना अंधेर |
रहें उजाले तेरे भीतर, उनको तुम करो मशाल ||

दूजों का हित हो जीवन में, मन में रखना मत द्वेष |
अपने अच्छे कर्मों से ही, सबको तुम करो निहाल ||

आधार छंद : प्रदीप
मात्रा: 16,13 (चौपाई +दोहे का विषम चरण)

95. सत्य वचन कहना...

सत्य वचन कहना हो मुश्किल, देता पर आराम है |
सत्य सभी को नहीं सुहाता, लगता कड़वा जाम है ||

राह सत्य की कठिन बड़ी है, चलता हर कोई नहीं |
जो भी अपनाता इस सच को, दुनिया में बदनाम है |

भेद सत्य का सब जानें हैं, सत्य झूठ से है बड़ा |
चाहे कितना झूठ बोल लो, अंतिम सच परिणाम है ||

हिम्मत बड़ी जुटानी पड़ती, सत्य बोलने के लिए |
सत्य कथन पर मुख से बोला, सबको दे पैगाम है ||

लोग लगाते मोल सत्य का, लेकिन सच जाने नहीं |
झूठे से इस कपटी जग में, नहीं सत्य का दाम है ||

सच में इतनी ताकत होती, हर विपदा से है लड़े |
जो भी अपनाता इस सच को, मिलता उसे मुकाम है ||

सच पूजा है, सच वंदन है, वास सत्य में ईश का |
सच ही ब्रह्मा, सच ही विष्णु, सच ही राधे श्याम है ||

आधार छंद : प्रदीप
मात्रा: 16,13 (चौपाई +दोहे का विषम चरण)

96. सागर की लहरों...

सागर की लहरों से लड़कर, देखो तो हर बार ।
कैसे हो जाएगी पल में, अपनी नौका पार ॥

भीतर अपने बस धीरज रख, कोशिश को मत छोड़ ।
होगा फिर तेरा हर सपना, निश्चित ही साकार ॥

सहज भाव मन में अपनाकर, जीवन कर व्यतीत ।
बन जाएगा फिर सबका ही, मधुरिम सा व्यवहार ॥

सदा सत्य यह सभी मानना, रहें उजाले संग
देखो कितना रोशन होगा, यह सारा संसार ॥

जो अंतर्मन होता है सुंदर, मुखड़े पर मुस्कान ।
कहलाता है वह ही फिर, सबसे अनुपम श्रृंगार ॥

दर्द भरे पल आ भी जाएँ, तब भी रहो प्रसन्न ।
खुशियां खुद ही आ जाएँगी, चलकर सबके द्वार ॥

जब तक है यह तेरा जीवन, कर्म सदा कर नेक ।
जन्म जन्म का हो जाएगा, तेरा फिर उद्धार ॥

आधार छंद : सरसी/कबीर
मात्रा: 16,11 (चौपाई +दोहे का सम चरण)

97. इस दुनिया में...

इस दुनिया में सब लोगों के, अपने अपने ढंग |
सबके अपने भेस निराले, अलग सभी के रंग ||

कोई दुख में ही खोया है, करता घोर विलाप |
कोई झूमे है खुशियों में, होकर मस्त मलंग ||

ढूँढें इधर उधर हैं सारे, अपना सच्चा मीत |
समझ सके जो पीड़ा मन की, चाहें ऐसा संग ||

पैसे का कोई मोल न समझें, करते इतना व्यर्थ |
धन दौलत हैं खूब बहाते, खुद हो बेशक तंग ||

माया-माया करते रहते, माया है सब झूठ |
इस झूठी माया में डूबे, ध्यान सभी का भंग ||

सच जीवन का पता सभी को, फिर भी हैं अनजान |
रब ने क्या संसार रचा है, सब जन होते दंग ||

जैसा भी जग है यह अपना, अनुपम है सौंदर्य |
मधुर रंग जीवन के भरते, मन में बड़ी उमंग ||

आधार छंद : सरसी/कबीर
मात्रा: 16,11 (चौपाई +दोहे का सम चरण)

98. चाहत दिल की...

चाहत दिल की एक यही, खुशी हो हर ओर |
सुरभित सारा संसार लगे, रहे महका छोर ||

हर्ष भरा हो अंतर्मन में, मधुर गाएं गीत |
मन सबका ही नाचे ऐसे, नाचता ज्यूँ मोर ||

नूर गगन में बिखरा जाए, चाँदनी सी रात |
नया उजाला लेकर आए, मोहिनी नव भोर ||

झूठ कपट की राह तजें सब, बोल बोलें सत्य |
निर्मल निश्छल हो हर मुखड़ा, हो न मन में चोर ||

विचलित कोई कभी नहीं हो, भले कैसा वक्त |
दुख की बदरी चाहे लाए, कालिमा घनघोर ||

बच्चे की है भोली भाली, मंद सी मुस्कान |
सबके दिल को ही भाता है, बालपन का शोर ||

जीवन जैसा भी पाया है, भाग्य का सब खेल |
जो किस्मत में वही मिलेगा, लगा कितना जोर ||

आधार छंद : शंकर
मात्रा: 16,10 (चरणान्त में 21 या गाल)

99. पग-पग पर...

पग-पग पर मुश्किल होती, बिन भय के चलते जाओ |
विपदा सारी टल जाएगी, हर पल बस हँसते जाओ ||

मंजिल तुमको मिल जाएगी, हिम्मत रक्खी जो तुमने |
पीछे मुड़कर मत देखो, बस आगे बढ़ते जाओ ||

करो परिश्रम पूरा दिल से, चिंता किये बिना फल की |
फल खुद ही मिल जाएगा, फर्ज अदा करते जाओ ||

गुण अच्छे ही अपनाओ, प्रेम, त्याग औ धीरजता |
काम क्रोध औ नफरत को, धीमे-धीमे तजते जाओ ||

झूठा यह सारा जग है, सारी माया झूठी है |
सत्य नाम केवल प्रभु का, नाम यही जपते जाओ ||

तम छाया तो छाने दो, उजला फिर भी सारा जग |
मीत उजाले हम सबके, पास इन्हें रखते जाओ | |

सुख दुख जीवन के दो पहिये, आते हैं औ जाते हैं |
हँसते हँसते सहना सीखो, सहनशील बनते जाओ ||

आधार छंद : मानव
मात्रा: 14,14

100. खुश हो जो...

खुश हो जो घर बार, मने दीवाली |
लगती है हर राह, बड़ी उजियाली ||

सुंदर से उद्यान, न ऐसे खिलते |
रखता है सम्भाल, इन्हें वह माली ||

क्यूँ करना संताप, तिमिर जो आया |
छट जाएगी देख, निशा भी काली ||

सब कुछ देगा वक्त, सबर थोड़ा कर |
चिंता क्यूँ बेकार, जहन में पाली ||

आँखों में तू ख्वाब, सजा ले मधुरिम |
नैनों को मत छोड़, तनिक भी खाली ||

बिन सोचे विश्वास, न दूजों पर कर |
होते अक्सर लोग, जगत में जाली |

अहं द्वेष का त्याग, सदा कर मन से |
झुकना ऐसे सीख, झुके ज्यूँ डाली ||

आधार छंद : हंसगति
मात्रा: 11, 9

उजाले तुम्हारे हैं

(गीतिका संग्रह)

डॉ. सोनिया गुप्ता

(पेपरबैक, प्रथम संस्करण, मार्च 2023)